土葬の村

高橋繁行

JN042984

講談社現代新書
2606

はじめに

この本はおそらく、現存する最後といっていい土葬の村の記録である。

一九九〇年代初め、私は大阪府の北端にある能勢町で土葬の聞き取り調査を始めた。今から三十年前のことで、この村にもまだ土葬は半数の家で残っていた。

本格的な土葬の調査を行ったのは、二十一世紀に入ってからである。手始めに古い因習の残る滋賀県の村を訪ね歩いた。琵琶湖の北にある余呉湖の村、伊吹山のふもとの村、彦根、蛭谷村という木地師《きじし》の里、近江富士で知られる三上山のふもとの村、東近江市蒲生の村、さらに琵琶湖湖西に位置する村……。それぞれの村の古老に会い、くまなく話を聞いてまわった。

その結果、古老たちは土葬の風習をまだ鮮明に覚えていたが、そのほんの少し前に土葬そのものは、あらかた消滅していることがわかった。

統計の数字を見ても、このころ土葬が急速になくなっていることが窺える。二〇〇五年の時点で、日本の火葬率は九九・八％に達していた。

土葬調査の合間に別の取材で行った全国各地でも、地元の人に土葬の有無を尋ねまわった。しかし日本三大霊場の一つ恐山や、東北地方の即身仏ミイラで名高い出羽三山の村にも土葬は残っていなかった。和歌山県の熊野古道の村や九州の霊山、福岡県の求菩提山《くぼてさん》など奥深い村でも同様だった。

そのようななかで、奈良県に土葬が残存しているエリアがあることを発見した。これまでにも、一族の慣習として土葬を行っている地域があることは伝え聞いていた。しかし、そうした散発的な一、二の事例ではなく、複数の村で土葬が常時、継続して行われている。奇跡かと思った。

その場所は、奈良盆地の東側の山間部一帯と、隣接する京都府南山城村である。現存する土葬の村に分け入り、数年かけて調査した結果、どの村でもその時点で村全体の少なくとも八、九割が土葬していることが明らかになったのである。

ところが二〇一九年冬――、土葬の村を再び訪れた私は愕然とした。土葬が急激に減少し、いくつかの村では忽然と姿を消してしまっていたのである。

調査を始めた三十年前、土葬はいずれなくなるだろうと予測していたが、そのスピードは想像以上だった。土葬の村は激減し、土葬の習俗は取り返しのつかないところまで衰退している。このままでは近い将来、日本の墓地から土葬が完全に消滅するであろうことは想像に難くない。

土葬は、歴史的に古代、中世から千年以上続いてきたと考えられている。その土葬に、このわずか十数年、とりわけここ数年で何が起こったかを明らかにし、日本の伝統的な弔いの文化を記録として残しておきたいと思ったのが、本書執筆のきっかけである。

この本は、三十年にわたる土葬の村の調査記録を中心に据えている。土葬の村の風習でなにより特徴的なのは、死者を埋葬地まで送る際に、野辺《のべ》の道で長蛇の葬列を組むことにある。遺族、親戚、僧侶、一般の村人が参列し、白い幟《のぼり》が風に舞い、村人が手作りした葬具を野道具として携え、死者の棺《ひつぎ》を担いで歩く。これを野辺送りという。

野辺送りは、土葬の村で、死者の祭りのクライマックスといっていい。それが有数の土葬地帯、奈良盆地の東側山間部に見事に残されていた。

加えて村人自身の手によって野天で荼毘《だび》に付す野焼き火葬の村や、土葬や火葬に先立つ日本の葬送法の原点として、沖縄に近い風葬の聖地、与論島の風習を書き記した。

また、七〇年代初めに自死したある大学院生の土葬、戦災や震災時の土葬・火葬の模様、村落共同体の伝統的な弔いばかりでなく市民による土葬の会という新しい弔いの試みなども取り上げている。

過去の民俗学者の文献も読み返した。昭和十二年に柳田国男が記したお葬式事典『葬送習俗語彙』や、戦後活躍した民俗学者の弔いに関する論稿に、私自身の三十年の調査を繋ぎ、現在まで続く土葬の風習をまとめ上げた。

近年盛んな家族葬は、お葬式の小規模化やコンパクト化をもたらしている。さらにコロナ禍でお葬式の縮小や矮小化が加速している。場合によっては最期の別れさえままならなくなっている。本書を読むことで、死者とどう向き合えば故人への惜別の思いを取り戻せるのか、弔うとはどういうことなのかを考える一助になればと願う。

目次

カリモン

4 神式の土葬

エンバーマー

2

土葬、野焼き火葬異聞

ウス

おわりに

第一章　今も残る土葬の村

1　南山城村の証言

最後の土葬導師

京都府の最南端、木津川流域に広がる山間部に、南山城村という集落がある。奈良県と県境で接し、南朝の後醍醐天皇が立て籠った笠置山にもほど近い場所だ。

この南山城村の高尾地区で、三年前の二〇一七年（平成29）秋、九十歳を越えた男性が亡くなり土葬された。

「お葬式は昼ごろ一番鉦《がね》が鳴ると始まります。二番鉦が寺で勤行が始まる合図、三番鉦が鳴ると出棺です」

と導師を務めた観音寺の後勝巳《うしろかつみ》住職（七十六歳）は言う。観音寺は真言宗の寺院で、後さんはここ南山城村で二十年以上土葬を経験している。

棺桶には座棺が用いられた。死者が仰臥するいわゆる寝棺と異なり、座棺は縦長の直方体だ。棺のなかの故人は、膝を折り胡坐《あぐら》座りした格好で納棺されている。今日、

埋め墓入り口にある、棺を置く蓮華台

座棺は大変珍しい。しかし土葬では、座棺は昔から全国で用いられてきた。

三番鉦がカンカンカンと鳴り響いた。座棺の前後に野辺送りの葬列が組まれ、山道を歩き、やがて埋葬墓地に着いた。

墓地には、墓掘り人が待ち構え、あらかじめ彼らの手で掘られた深い穴があった。

座棺は蓮華台と呼ばれる石の棺台に置かれた。穴の前に導師が立ち、神前で使う幣のような四本の白い紙の花を手に携えて回した。墓穴の東西南北の四方に白い花を投げ、死者供養のお経を唱えた。

白い花は四花《しか》という。死花とも書く。昔のお葬式に用いられた代表的な葬具である。

白い葬式花、四花（写真左）。右は竹細工のろうそく立て

「四花はお釈迦様が亡くなったとき、沙羅双樹の花まで悲しんで枯れたという故事に由来する葬儀の花なのです」と後住職は言う。

その後、座棺は埋葬された。座棺の正面に「前」と書かれた紙が貼られている。導師が目で促すと、墓掘り人は座棺の正面が西向きになるように方向を変えた。座棺は胡坐座りをしている死者が西方の極楽浄土を拝む格好で、ゆっくり墓穴に沈んでいった。

この土葬の後、南山城村で土葬は行われていない。三年前のこの土葬は、亡くなった男性が「死んだら土葬してほしい」と遺言していたからなんとかできた。墓穴を掘る墓掘り人は通常、村人による当番制なのだが、それも見つからなかった。仕方なく故人の近親者が代わりに穴掘りを行ったという。過疎化で棺を担いだり墓掘りをしたりできる若い人が少なくなり、土葬はしづらくなってきている。

「遺族は遺言で土葬を決心したものの、誰も土葬の風習を知らなくなっていました。遺族に細かな指示をしなければ何もできなかった。おそらく私が南山城村の土葬の最後の導師なのでしょう」と後住職は感慨深げにそう言った。

座棺の野辺送り

今から十年前、私ははじめて南山城村の土葬調査を行った。Nさんという村の男性への細かな聞き取りの結果、驚いたことにこの村には土葬が九割は残存していることが明らかになった。Nさんは二〇二〇年三月、九十歳で亡くなったが、南山城の土葬のしきたりの生き字引といっていい人だった。

また観音寺の後住職は南山城村の他に、近隣の土葬の村にある寺の住職も兼務し、土葬にたいへん詳しい。

後住職、Nさんの証言をもとに、ほんの少し前、盛んだったころの南山城村の土葬・野辺送りの模様を再現してみよう。

お葬式の日、村人が持ちまわりで務める墓掘り役の三、四人は、朝早くから埋葬地に穴掘りに出かける。喪家では、やはり村人が何人か集まり野辺送りで使う葬具を一心に手作りしている。午前十時、導師を務める僧が現れ、墓標などの文字書きをした。

昼ごろ、墓掘り人が戻ってくると、住職、葬儀の手伝いをする村の衆らとともに「斎《とき》」と呼ばれる弔いの食膳の席が設けられる。そして、そこではシモ消しという酒がふるまわれる。ちょっと下卑た名称だが、この酒で弔い独特の非日常な心の高ぶりを緩和するのだという。

午後二時、喪家で自宅葬の勤行が行われ、三番鉦が鳴ると出棺した。生き字引Nさんによると「出棺前、身内だけで冷酒で別れの盃《さかずき》を交わした」という。

出棺時には、門前で故人が生前使用していた茶碗を割り、一束のワラを燃やした。一束《いっそく》ワラは、出棺時の儀礼の一つで、柳田国男が編集した昭和初期のお葬式事典『葬送習俗語彙』には、「播磨では出棺の時に一束藁を焚かぬと死人が帰って来る」といういわれが記されている。

野辺送りの葬列の先頭は、村の長老が鉦を携えて歩く。道中で長老はカンカンカンと鉦を叩き続けた。もの悲しい響きだが、その甲高い音で悪霊を叩き出す意味があるという。

次に「四つモチ」という役が続いた。木の棒の前後に二つの木箱を吊り、子どもが肩に担いで持ち歩いた。前後の木箱には二つずつ、径三十センチほどの大きな餅が入っている。この餅は死出の旅の道中で、死者が食べる弁当と言われている。

「四つモチのうち二個は墓掘り人が焼いて食べ、残る二個は子どもへの駄賃やいうて、家に持って帰りました」と後住職は言う。

次に位牌を持つ喪主夫人、その次に亡者の膳を持つ役が続いた。この膳は、亡くなった人の枕もとに飾っていた枕飯をそのままお膳に移し替えたもので、四つモチが長い死出の旅路の弁当なのに対して、当座の昼弁当という。亡くなっても死者への食事の饗応はかくもきめ細かい。

その次は引導を渡す導師が連なった。さらにその後、座棺が続いた。Nさんの証言によると、座棺は真四角に近い縦長の棺桶だという。この座棺に二本の棒を渡して、

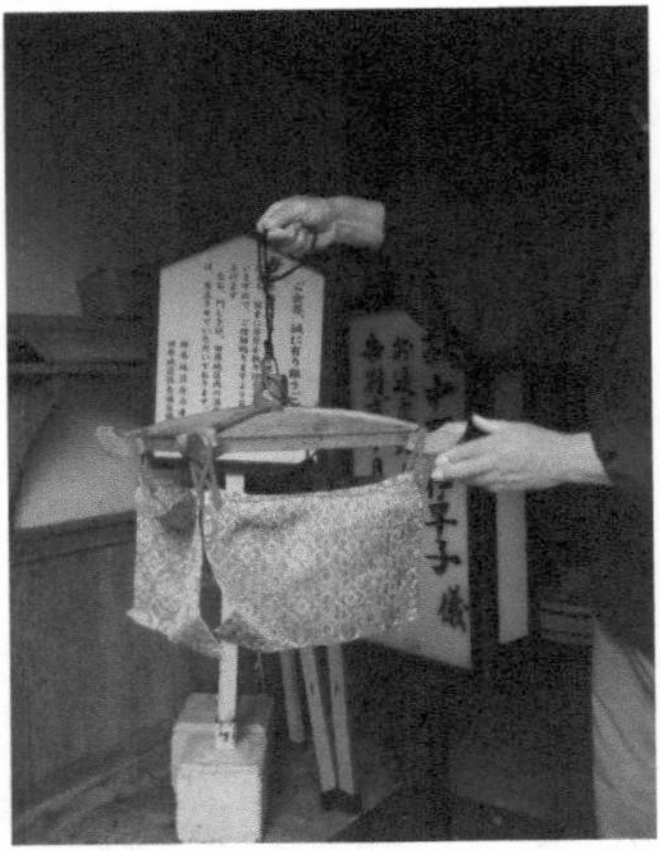
重要な葬具の一つ、天蓋

棺の前後に一人ずつ担ぎ手がついた。

その際の座棺の向きにも独特のルールがあった。担ぎ手が歩く進行方向とは逆の方向に、座棺の正面を向けて担ぐのである。こうすることによって、座棺の中の死人は自分の生まれ育った家を見ながら、墓場へ向かうことができる。

座棺の上のほうには天蓋をかざした。天蓋とは寺院本堂の天井から吊るし、本堂を荘厳にするあの天蓋のことである。野辺送りには、それをミニチュア化した弔い用の天蓋が使われる。

天蓋を持つのは重要な役とされ、南山城村では家の跡継ぎである喪主が持った。その喪主は黒喪服ではなく、白ずくめの羽織・袴をまとった。白装束は、故人の着る死に装束と同じものである。喪主は死に装束をまとうことで、いわば死者になりすまし、死のケガレを一身に引き受けるのである。

白装束は、昔の土葬・野辺送りの習俗につきものの葬式衣装である。南山城村ではごく最近までこれを着る風習が続いていた。

野辺送りの最後尾を歩くのは、四本幡《しほんはた》という。イカのような形をした白い幟が四本立ち、それぞれ「諸行無常」「是生滅法」「生滅滅已」「寂滅為楽」と釈迦の涅槃経に出てくる語句が書かれている。四本幡は浄土真宗の葬儀を除いて、全国の土葬習俗に共通する重要な葬具の一つである。

棺桶が時計回りに三周する

野辺送りの葬列は、山間の谷を縫うようにして墓地に着いた。十年前、Nさんの案内で、この埋葬墓地を訪ねたことがあった。

墓場の入り口に各家のお参り用の石塔墓が建っていた。日本の墓地は、お参り墓地と埋葬するためだけの埋め墓に分かれているところが多い。これを両墓制という。

先祖代々のお参り墓地を抜け、さらに坂道を上がると、奥のほうに草むした埋め墓があった。Nさんによると、ここで導師は、臨兵闘者皆陣列在前と九字の真言を切る。

埋め墓の入り口に蓮華の花をかたどった石の棺台があった。棺台に座棺を置く前

南山城村の埋め墓（上）と近くにあるお参り墓（下）

に、野辺送りの一行は奇妙な作法を行う。蓮華台の周りを時計回りに三周するのである。この独特の作法を三匝《さんそう》、または四門行道《しもんぎょうどう》という。

「四門行道とは、東の発心門、南の修行門、西の菩提門、北の涅槃門の四つの門をぐるぐることをいいます。これを順に三回経《へ》めぐることで、涅槃に達し極楽往生するとされているのです」と後住職は解説する。

もっとも今では四つの門はなく、そのような弔いの意味も薄れ、村人は「ぐるぐる回っているうちに目が回って、ホトケさんをええとこに連れてってくれはるのや」などと言っている。

この後、冒頭で紹介した土葬のための引導作法が行われ、死者は埋葬される。土が土饅頭《どまんじゅう》に盛り上がった埋葬地の上には墓標が立てられる。墓標の表に俗名が、裏に戒名が書かれていた。

埋葬場所の選び方にもルールがある。Nさんによれば「埋葬地の奥ほど高齢で亡くなった年長者が埋められた」という。埋め墓の奥へ行くほど閑静な土地になる。埋葬場所にも、年齢差による一種のランク付けがあったのだろう。

墓標の他に、埋め墓には七日ごとの追善供養のための七本塔婆《しちほんとうば》が立てられた。七枚の板の塔婆は遺族が七日ごとに朝、墓参りをするたびに一枚ずつ倒された。

持ちまわりの墓掘り人役は、土葬の村では大役とされた。「穴掘りをした後、喪家に帰ってくると遺族から酒、風呂の接待を受け大事にされました」とNさんは言う。

死者の膝を折っておく

土葬の村、南山城村では、人が亡くなるとその知らせは、隣組の組頭によって行われた。隣組とは近所七軒で一組が構成された、昔からある村の最小単位の共同体組織である。土葬・野辺送りの手伝いの役もこの組織が中心になって編成される。

組頭が真っ先に死の知らせを告げるのは、寺と大工だった。大工には亡くなった人を納棺する座棺を作ってもらうためである。

座棺の寸法にも、村ごとに細かいルールが存在した。私が聞き取りをした滋賀県長浜市の村では、棺の寸法は、観音菩薩のために精進潔斎をする日が十八日なので、幅一尺八寸(約五十四センチ)、地蔵菩薩のそれが二十三日なので高さ二尺三寸(約七十センチ)とし、棺をその大きさにしておけば必ず西国浄土に往生できるとされた。

それにしても座棺の寸法が五十四センチ四方、高さ七十センチとはかなり小さい。

これでは死人を入れられるのかといぶかしく思うほどだ。納棺の苦労については後述するが、南山城村にこのようなルールは幸いなく、「故人の体の大きさに合わせて、大工が棺の寸法を決めて作った」という。

身内の死亡直後、遺族の仕事は、死者の寝床を納戸に移すことから始まる。枕もとに線香、水、シキミの一本花を立て、枕飯を炊いた。シキミとは樒と書きシキビともいう。葬儀や仏事によく使われる常緑の植物である。このように死者の枕もとを整えることを「枕返し」という。

死者の胸元には一般に刀か鎌を置いた。故人の胸元に刀を置くのは、今の葬儀場でも時々見かける。南山城では鉈《なた》を置いた。猫が死人をまたぐと化け猫になるといわれ、刃物はそうならないための魔よけである。

さらに遺族の仕事で大事なことに、故人の膝を折っておくということがあった。こうしておかないと、遺体に死後硬直が始まってからでは膝が曲がらなくなり、座棺の場合、棺に入れることが困難になるからである。

滋賀県東近江市石塔町での調査では、「亡くなった親の膝を折っておくのは、息子ができる最後の親孝行といわれました」と、話を聞いた男性は言っていた。

膝を折る以外にも、納棺のためには死体を柔らかくしておく必要があり、これにはどの村でも苦労をした。木地師の伝承のある隠れ里、滋賀県東近江市蛭谷の村では「死者の口に梅干しを含ませると遺体は柔らかくなる」と信じられた。木地師とは、山の木を伐り、お椀などの器の素地を作り出す職人のことで、九世紀、この隠れ里で天皇の皇子、惟喬《これたか》親王がロクロの技術を伝授し、それが全国に広まっていったというわれを持つ。

また死者に土をかける、土砂加持という真言宗の祈禱法を用いれば柔らかくなる効果が得られるという。

梅干しに土。どっちもどっちという気がしないでもない。後住職は次のようなもう少し合理的な説明をする。

「死後硬直はだいたい十二時間で解けるといわれます。その頃合いを見計らって枕経をあげに行くと柔らかくなった。ああおっさんのお経のおかげや、ありがたいと言われたものです」と笑った。

遺体にメスを入れ防腐・保存処置をすることをエンバーミング、それを行う遺体の専門家をエンバーマーという。そのエンバーマーに聞いた話では、死後硬直が起こるのは死後十二時間前後、硬直が解けるのは三、四十時間後とのことだが、「年齢の若い人は死後三十分で硬直するなど、人によってまちまち」だという。そうである以上、土葬の村で、死体を柔らかくする苦労はやはり絶えなかったと思われる。

湯かん作法

死亡後の弔いの作法でもっとも大切な作業の一つが、遺族が遺体を洗い清める湯かんである。南山城村では、寝室から納戸に移した遺体の周りに目隠しの屛風を立てまわし、そのなかでひそかに行われた。

生き字引Nさんの夫人は「近親の女性数名で寝かした遺体の衣服を脱がせ、身を拭った」と証言する。

湯かんの作法には、このように仰臥した遺体を拭う方法と、もう一つ、木のたらいに胡坐座りをした遺体を入れて洗い清める二通りの方法があったようだ。

湯かん盥《たらい》は、滋賀県の最北端、長浜市余呉の村で見かけたことがある。その貴重なたらいは直径八十センチぐらいで、行水に使う普通のたらいにくらべ一回り小さかった。聞き取りをした東野更正さんの母の湯かんの際に使ったことがあるという。

滋賀県余呉湖の村で実際に使われた湯かん盥

同じ長浜市の伊吹山のふもとの村では、同じような木のたらいに十文字の縄かけをして、その上に亡骸を座らせ湯かんしたという。十文字の縄は、伊吹山修験道の死者の霊魂を救おうとする呪術の影響といわれている。

その際の湯かんは、血のつながりの濃い近親男性数名の手で行われた。そのことから、湯かんは必ずしも女性の仕事ではなかったことがうかがえる。

どの村でも湯かんに使う湯は、水に湯を注いだものを使った。これをサカサ水という。今でも日常生活で、水に湯を入れると「縁起でもない」とお叱りを受けることがある。それは葬式のときだけに行うサカサゴトの作法だからである。

湯かんは土葬の村でも葬儀社の葬祭サービスでも、水に湯を入れるサカサゴトで行われる。葬儀社の湯かんは、消えゆく伝統的な弔いの風習を新しい葬祭サービスとして復活させたいという意図から始まった。私の調査では、一九九〇年代初めに、高齢者の入浴介護サービスをヒントに生まれた。木のたらいで死者を沐浴させるのは、そのルーツと思われる。

湯かんと落語

「昔は湯かんするだけでなく、死者の髪の毛を全部剃って坊主頭にしました」と後住職は言う。これを剃髪の儀礼という。

剃髪は寺の僧が行い、故人がそれによって出家することを意味した。つまり、もともと死者を洗い清め、同時に剃髪することはセットになった一つの宗教儀礼であった。しかしその意味は時とともにだんだん忘れられ、遺族の仕事となった。富山県氷見市の村の調査で、遺族による湯かんと剃髪は、昭和三十年代まで続けられたという。

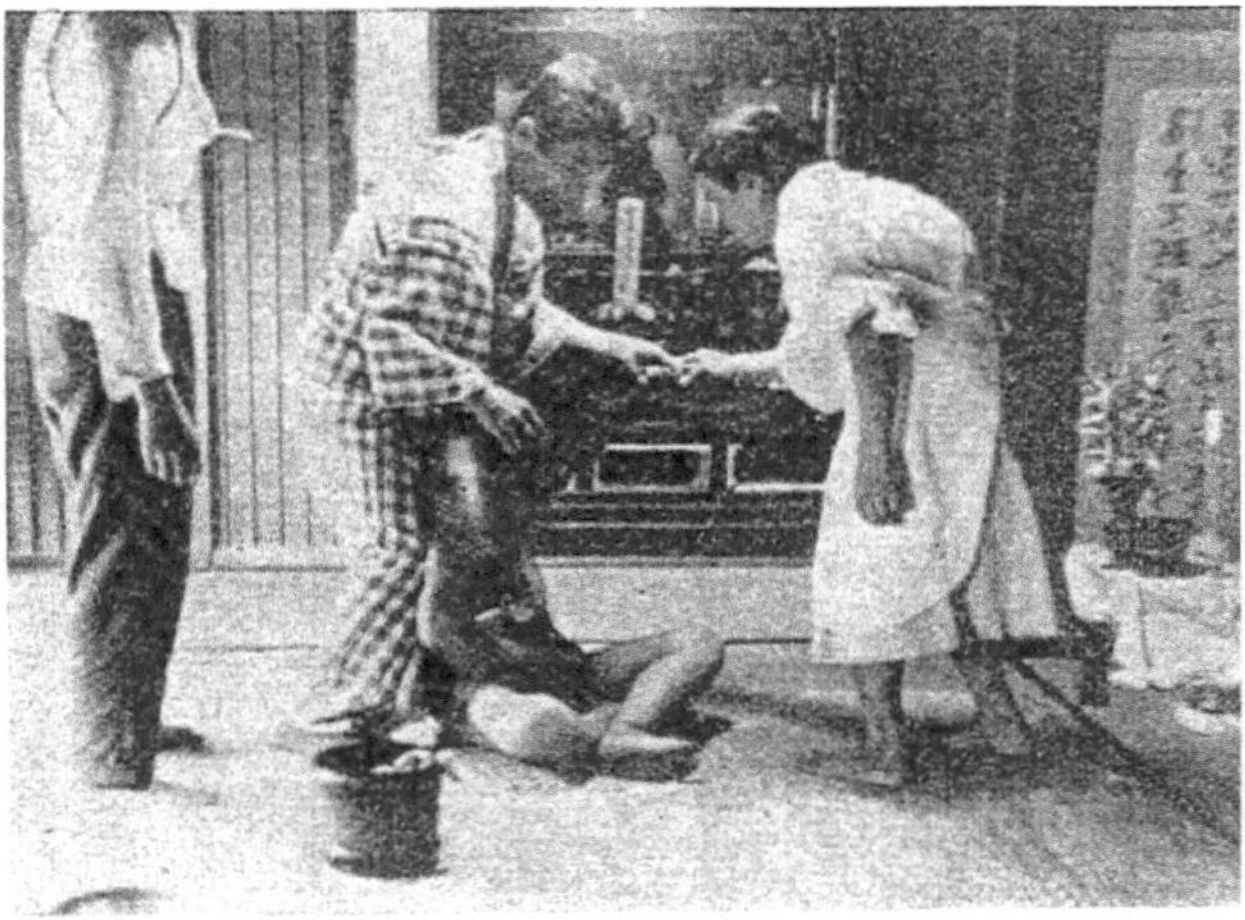

湯かんと剃髪。遺体を胡坐座りさせ、剃髪している（『近畿の葬送・墓制』明玄書房　昭和54年）

剃髪は女性にも容赦なく行われた。そんな話が落語の『三年目』に出てくる。夫婦仲の良かった妻が死ぬ間際、夫に幽霊となっても会いに来ると約束した。しかし待てど暮らせど出てこない。やっと出てきたのは死後三年目。湯かんのときに丸坊主にされたので、髪の毛が伸びるまで出るに出られなかったのだ。

昔の弔いの習俗を知らなければ、オチが理解できない古典落語は数多い。

死体をがんじがらめに縛った

湯かんに続いて行われた重要な仕

事は、亡くなった人を棺に納める納棺作業である。特に座棺の納棺は困難を極めた。

「亡くなった人が男性なら胡坐座りに、女性なら正座した格好になるように納棺しました。膝を折っておくことで、男女ともにスムーズに納棺できるのです」と後住職は言う。

南山城村の場合、座棺の納棺を遺族は行わなかった。村のしきたりに詳しいNさんによると、与力という村の講組織の面々が行ったという。与力は、隣組とはまた異なり、村の冠婚葬祭のすべてを采配した。弔いにおいては、納棺のほか、香典の出納から葬儀委員長まで務めたという。

つまり弔いの仕事に幾分か慣れた与力が納棺をすることで、遺族はその苦労から解放されたというわけである。

納棺作業がどれくらい大変だったかは、他県の調査から明らかである。

滋賀県長浜市川道の村で、死んだ親の納棺を経験したある男性は、次のように証言する。

「胡坐座りをした親の体をさらに前屈させ、狭い座棺に入るように背中を力いっぱい押しました。背骨が折れそうで、納棺の様子を見ていた子どもらを外に追い出したほどでした」

柳田国男『葬送習俗語彙』にも、「死体は真裸にして桟俵（米俵の両端に当てる円いわらのふた）の上にあぐらをかかせて、その上から縄で縦横十文字に固く、腕が体へめり込むほどに締めくくる」とか「頸骨が音を立てて砕ける事がある」と書かれている。

仏教民俗学者・五来重《ごらいしげる》の『葬と供養』（東方出版）では、がんじがらめにして納棺する理由を、死者を封じこめ、生者に災いをもたらすことのないようにするため、としている。

富山県氷見市の村の男性は「縄で幾重にもがんじがらめに縛ってね。とても素面《しらふ》じゃできないので、酒をあおって皆で納棺しました。でも船頭が多くてなかなか作業ははかどりませんでしたね」と証言した。

南山城村の場合、与力という手慣れた「船頭」が指揮したからだろうか、そのような納棺のトラブルはあまり聞かない。座棺の寸法を亡くなった人のサイズに合わせて作ったことも幸いしたのだろうと思われる。

水汲み　死霊を送る無言劇

土葬墓地で埋葬を終えた後も、南山城村には極めつきの奇妙な弔いの風習が残されていた。次の証言は十四年前、老母を亡くしたNさんの夫人が語った実話である。

「野辺送りから帰ってくると、家の玄関でひしゃくでたらいに水を入れる真似をしました。これを三回繰り返しました。水汲みの儀礼といいます。水は入ってへんねんけど、入ってるつもりでやれと言われました」

ひしゃくで水を入れる真似をするという不思議な風習を、もう少し詳しく説明しよう。N夫人が埋葬地から戻ると、家で待ち構えていた別の近親女性が、台所の水甕の水をひしゃくで汲む真似をする。女性は空のひしゃくを携え玄関に走り出て、N夫人にひしゃくを手渡す。受け取ったN夫人は、空のひしゃくを担ぐようにして持ち、目の前に置かれた空のたらいに水を入れる動作をする――。この一連の動作を三回繰り返したという。

二人の女性の所作は、死者の魂とひめやかに対話しながら行う無言劇のようだ。『南山城村史』には、「家の内から外へ死霊を送り出そうとする『霊《たま》送り』の儀礼ではないか」と書かれている。

その後も無言劇は続く。

「野辺送りから帰ってきた人たちが、空のたらいに足を交互に入れて、足を洗う真似をしました。さあ意味はわからへんけど。ただアシアライと呼んでいました」とN夫人は言う。

墓から帰ってきた人々が、家の玄関に置かれた塩を入れたたらいで足を清める風習は各地にある。しかし空のたらいで足を洗う真似をするのは大変珍しい。死のケガレや死霊そのものを恐れたタタリ封じのような無言の動作である。

耳ふたぎ

「村の人が死亡したという知らせがあると、死人と同じ年齢の者がいる家では、当人の両耳に鍋蓋を当て耳をふさぐ『耳ふたぎ』という風習がありました」と南山城村のNさんは言う。

「同年齢の老人がその不幸を聞かなかったことにしようという意味で、耳をふさいだ格好のまま『ええこと聞け、ええこと聞け』と唱えるんです」と続けて言った。

それでも不吉な気持ちが収まらない場合は、村にある普段は無住の寺に走った。寺になべ仏と呼ばれる石仏の祠《ほこら》があり、その中にある石仏の頭を撫でるとよいとされた。

耳ふたぎは『葬送習俗語彙』にも数多く採録されている。両耳をふさぐ用具は鍋蓋だけでなく、ミミフサギモチという餅を作るところがあったり、「炊き立ての飯で握飯をむすび、是を両耳に当て、後から箕《み》（農作業の用具）で頭を掩《おお》うてもら」う地域もあった。

あるいは「二個の饅頭を携えて石橋の上に行き、是を両耳に当てて後、其橋の上に置いて後を見ずに帰って来る」など、様々なバリエーションがあったようだ。

両耳をふさぐのは年寄りばかりでなく、幼児が死んだ場合には同じ年ごろの子どもの耳を菓子で被《おお》い、そのあと菓子を川に流すというところもあった。理由は幼子が後追い死することを恐れたからという。

巫女聞き

土葬をしたお葬式の翌日、南山城村では身内の男女二、三人で隣町にいる巫女の家を訪ね、死者の声を聞きに行くという風習が残っていた。これを巫女聞きといった。

死者の声を聞くのは、東北地方で有名なイタコによって死者の霊を呼び戻す仏降ろしと呼ばれるものと全く同じである。仏降ろしはイタコの専売特許と思っていたが、そうではないらしい。

Nさんによると、「巫女は数珠を持ち、般若心経を唱えるうちに『ああぼちぼち乗り移ってきたわ』と言い、死者の声で『あんじょう守りをしてもらってよかったわ。後はしっかりやれよ』という具合に死者の声を伝えました」という。

N夫人は同じ南山城村にいた実母が亡くなったとき、巫女聞きに行ったことがあるという。

巫女聞きから帰ってくると、玄関から入らず、庭に回って縁側から入り、家の者と問答をしたという。問答には一つの型があった。「なんぞ遅いやないか」と家の者が言い、巫女聞きから帰ってきた女性は「あほらし、こんなこと二度とせんわ」と型通り答えた。その後、皆で仕上げの膳をいただいたという。

この原稿を書いているとき、まったく偶然に、別の人物から巫女聞きの体験談を聞いた。三重県伊賀市上野の巫女の家でのことだという。巫女聞きの風習は、近畿の幅広い地域に存在していたようだ。以下は、その体験談である。

一九九八年、証言者の男性によると、亡くなった祖母の土葬をした後のある日、身内の者数人とともに、巫女の家を訪れた。巫女の家の庭には祠があった。庭から上がったところにある部屋で、老巫女は娘らしい助手の女性に背中を支えられながら、巫女聞きが始まった。

「老巫女は数珠を繰りながら、ヒエーと悶絶したかのような奇声を発しました。朦朧《もうろう》とした巫女を、助手が後ろから支えるようにして仏降ろしが始まりました」と男性は言う。

巫女が呼び出したのは、死んだ祖母だけではなかったという。先祖数人がいた。そのうち巫女は「ああびっこを引いた女の子が見えるなあ」と言う。それを聞くや遺族は「ああそんな女の子おったわ」と口々に叫んだ。

それから祖母が現れた。巫女が「病院でちゃんと看病してもらったか」と祖母に尋ねると、「ああ、ようやってもろた」と祖母の声で巫女が言う。

「最後に祖母の声で、『ほならもう帰るからな、みなありがとう。また呼んでな』と言いました」と男性は言う。その後、老巫女は渾身の力で奇声を数回発した。巫女聞きは三十分以上続いたという。

毛替え

今でも友引を忌み嫌い、お葬式はその日を避けることが多い。南山城村でも、友引の日や一年に二人以上亡くなった家の葬儀には独特のタタリ封じを行った。「野辺送りに行く際に、ツチノコ（木槌）に縄をつけて座棺に結び、墓まで引っ張っていきました」とNさんは言う。

死のケガレは動物にまで及ぶとされた。

『南山城村史』には、「家族が死亡した時には家で飼っている犬や猫を生きたまま麻袋に入れて橋の上から川へ流したり、牛は博労に頼んで交換してもらった。これらをケガイ（毛替）という（中略）。死のケガレに触れた家畜類を家から放逐しようとする理念である」と書かれている。博労は牛馬の売買、仲介を業とする人のことである。

「蛇を指さしするな」「ホトトギスの鳴きまねをするな」といった禁忌を聞いたことがある年配の人は多いだろう。南山城村ではニワトリは神の使いとされ、かつては民家で飼うことはタブーだったという。ニワトリを飼うようになっても、卵だけを採り決して肉は食べなかった。鶏肉を食べるようになったのは戦後という。

ニワトリは霊鳥と考えられ、水死者が出るとニワトリを籠に入れて船に乗せ、ニワトリが鳴いた場所を捜すと発見できると言い伝えられていた。

植物の禁忌もあった。「今でも死者の家からは一年間、種や苗をもらいません。『シダネ』といって嫌うんです」とNさんは語った。

最後の土葬

この章の冒頭で紹介したように、三年前の秋に行われた土葬で導師を務めたのは、真言寺院観音寺の後住職であった。

亡くなったのは九十歳を過ぎた男性で、お葬式は「土葬してほしい」という故人の遺言があったが、最初、遺族はこの遺言に困惑したという。南山城村に古くから伝わる土葬のしきたりや野辺送りの役付けについて、もう誰も覚えていなかったからである。

後さんも寺は娘さんが住職を継ぎ、長老として第一線を退いていたが、長年土葬に携わってきたことから導師を頼まれ、引き受けたという次第である。

土葬・野辺送りを支えた村の隣組や与力組織も崩壊していた。棺を担ぐ役の人が着る白ずくめの衣装はあるにはあったが、ボロボロで使い物にならなかったという。座棺の棺桶を担ぐ役は、南山城村では普通、故人の成人した孫の役だったが、人数をそろえることができなかった。村を出て行っていた孫は祖父の葬式のために戻ってきていたが、土葬の風習を知らないために困惑するばかり。結局、村に残っていた親戚筋の男性が棺を担ぐ役を務めた。

それでも後住職の指示によって座棺を担いで行う野辺送り、埋め墓での埋葬をすることができた。座棺もなんとかあつらえたが、昔から座棺を作っていた専門の大工職人はもういなくなっていた。

南山城の弔いの生き字引、Nさんは二〇二〇年三月に亡くなった。彼自身は土葬されることなく、火葬された。弔いの風習を知る人が途絶え、土葬したくともできなかったのである。

「土葬で送られたいと遺言があれば別でしょうけど、南山城村から土葬はなくなっていくでしょう」と後住職は予言する。

2　柳生の里にほど近い村で続く土葬・野辺送り

土葬が百パーセント残っていた

二〇一一年一月、東日本大震災の起こる二ヵ月前、奈良市の東側山間部にある大保町という小さな村で一人の老人が亡くなった。故人の名前は大窪啓道さん。八十二歳の男性だった。

近鉄奈良駅からバスで一時間ほど行くと、柳生十兵衛ゆかりの柳生の里に出る。そこからさらに徒歩で小一時間のところに大保町はある。南北に広がる集落だ。

亡くなった大窪さんは糖尿病を患い、十年ほど前から自宅で療養していた。同居人は妻ヤエコさんとネコ一匹。介護ベッドは縁側のある部屋にしつらえられて、そこを終《つい》の間として、ヤエコさんに看取られながら息を引き取った。

その時点で、大保町は、亡くなった人のほぼ百パーセントが土葬される土葬の村だった。

わしのベッドがあらへん

亡くなった大窪さんは、自宅療養するまでの数年間、天理市の病院に入退院を繰り返していた。天理市は大きな病院のある、大保町から最も近い町だったのである。老人は「もう病院はいやだ。家に帰りたい」と漏らすようになった。

病院側も「もう手の施しようがない」と告げた。妻は、夫の死が間近なことを悟り、自宅にあった洋服ダンスからベッドまで燃やした。

あげくはお葬式の段取りまでしてしまったが、病院の若い医師が「僕が往診しましょう」と言った。医師は過疎地医療に取り組み、大保町からほど近い村に往診できる診療所を運営していたのだった。

病院から家に帰った大窪さんの第一声は「わしのベッドがあらへん」だったそうだが、看取りを前提にした往診が始まった。老人を苦しめていた透析は、これ以上行わないことが決められた。以来十年、奥の寝室から縁側のある部屋に移り、買い直された新しいベッドの上で過ごした。

縁側の向こうの広い庭には、生まれたての息子のために作ったため池のようなプール、子どもが木登りをした柿の木が見える。その向こうには山が見えた。この山に大保町で生まれた大窪さんは葬られることになる。

「毎朝、縁側の窓を開けると、風が流れぷーんと木のいい匂いがしましたよ」とヤエコさんは言う。

毎日のように近所の村人のだれかが訪ねてきた。それが自然と病人の安否を気遣う見守りになった。

大窪さんは戦時中、学徒動員を受け、十六歳で終戦を迎えた。

「若いころ民生委員をしたり、人の世話ばっかりして。人徳はあったけど仕事もしないふわふわした人でした」と妻ヤエコさんは言う。

ヤエコさんの娘さんは、幼いころいっしょに暮らした父を「やんちゃくちゃ坊主だった」と笑う。やんちゃくちゃ坊主の祖父は、昭和四十四年に大保町の近くに須川ダムを建設し、奈良市より早く村に電気を通した村の恩人だという。昭和期を通じて、山で採れたひのき材が電柱として売れ、茶畑を経営したり、経済的な余裕もあったのだろう。

危篤

自宅に戻ると、死にかけていた老人の暮らしは一変した。

「食いしん坊やったねえ。スイカ、イチゴ大福、お赤飯が大好きでした。煙草は死ぬ四ヵ月前まで、お酒も好きで死ぬ一週間前まで、ストローで焼酎をチューチュー吸ってました」とヤエコさんは言う。やんちゃくちゃぶりは死の間際まで健在だった。

老人の糖尿病は徐々に悪化し、足は壊死していた。「お父ちゃん、体重が百キロもあって、一人きりの介護はたいへんなんです。おむつ替えは便がそんなに出てなくてもにおいがきつくて。だけど、死ぬ三日ほど前、芯から寂しくなりました」とヤエコさんは言う。往診医から「そんなに寂しいときは連絡して。すぐに飛んできますから」と言われた。

危篤になると、奈良市内に住む次男が駆けつけた。長男は三歳のとき夭折していた。横浜に住む次女は夕方駆けつけた。ブラジルに在住する長女とは、夜八時ごろ電話がつながった。長女の声を聞くと、老人は一時、息を吹き返した。長女は葬儀には間に合わなかったが、四十九日にははるばる帰ってきたという。

自宅療養を始めてから十年、大窪啓道さんは静かに息を引き取った。

「もうやることはみなやったので、何一つ心残りはありません」とヤエコさんは晴れ晴れと顔をほころばせた。

紅蓮の炎の野辺送り

大窪さんが亡くなると、真っ先に行われたのが湯かんである。大保町の土葬の風習では、甥などの近親者が行うことになっているが、大窪さんの場合は、往診の看護師が行った。死化粧を施し、遺体をアルコールで拭った。今は死者の最後のシモの処置や遺体の清拭、死化粧は、看護師が行うことが増えている。湯かんの風習は、大保町のような村落でもエンゼルケアと呼ばれる看護師による遺体処置が肩代わりするようになっている。

お葬式は、遺族はなんら迷うことなく土葬を選んだ。土葬に先立つ野辺送りの段取りは、近隣七軒で構成された隣組が采配し、組頭が葬儀委員長を務めた。喪主は大窪さんの次男が務めた。

土葬の村、大保町の野辺送りの役順を記しておこう。

先頭は松明《たいまつ》を持った。二メートルほどもある青竹を何本も束ねた大きな松明で、てっぺんに火を点した。

実は紅蓮《ぐれん》の炎が燃える松明を使う例は意外に少ない。私の聞き取り調査でも、小さな松明を火を点じないで持つ例が多く、点灯した大松明は初めての事例だった。その理由として考えられるのは、野辺送りを夜間に行うことがなくなったこと、道を照らす役目は、後続の提灯持ちが担ったことが挙げられる。

これに対して松明は、道を照らす実用性よりも、弔いのシンボル＝聖火としての意味が大きかったのだろうと思われる。ちょうど由緒ある寺院に不滅の法灯が存在するように。

大保町の村人によれば「大松明の炎は黒い煙を引き、あかあかとたなびいた」そうだ。

野辺送りの葬列の次に続くのは「四つモチ」である。四つモチは南山城村の土葬でも出てきた、死者の死出の旅路の弁当である。その次に提灯持ちが続いた。その次には、「諸行無常」などと書かれた四本幡が続いた。

さらに輿と呼ばれる棺が続いた。大保町の場合、棺は遺体を寝かして運ぶ寝棺である。近親者がその役を担った寝棺の担ぎ手は、黒喪服の上から白い半纏《はんてん》をまとった。

背中にキリクという阿弥陀を表す梵字が書かれている。大保町でも昔は、白ずくめの死に装束を着た。白い半纏はそれが簡略化されたもので、白装束の名残をとどめている。

寝棺の上にかざすミニチュアの天蓋持ちは重要な役柄であり、喪主の次男が務めた。次男氏は言う。「大保町で土葬が長く続けられたのは、早くから寝棺の棺桶を使っていたからです」と。

座棺だと、亡くなった人を納棺する際に、すでに述べてきたように遺族は残酷な作業を強いられる。その点、寝棺は納棺の苦労が軽減され、死者も窮屈な目にあわないで済むというわけである。

サカサ帯

寝棺と天蓋に続く役は、位牌持ちである。大保町では喪主夫人が務めた。黒喪服の着物を着た喪主夫人は、不思議な格好をしている。後ろで結ぶはずの太鼓帯を前のほうにもってきているのである。これをサカサ帯という。凶事に普段と逆のことをする、弔いのサカサゴトの一つである。

さらに喪主夫人を含めて野辺送りに参列する近親女性は、白いたすきをかけている。白たすきは、昔の野辺送りで白衣装を着たことの名残と考えられている。「孫は黄色のたすき、ひ孫は赤たすきをしました。赤たすきはひ孫までできたお祝いの意味があるのです」と次男氏は言う。

不思議といえば、喪主夫人だけでなく近親者全員が、耳に白い小さな三角の紙をつけていることだ。耳につけた三角の紙はイヤリングにしか見えないが、弔いの参加者が額につける三角巾の変形と考えられている。

白いイヤリングは「墓場で捨てて帰った」と次男氏は言う。死のケガレを墓に捨て、家に持ち帰らないという意味だろう。

葬列の最後尾には、村の会葬者が続いた。こうして野辺送りの行列は大窪さんが毎朝眺めた山に向かって出立した。妻のヤエコさんは野辺送りに参列しなかったという。彼女は自宅で夫との最期の別れをして、野辺送りの葬列を見送った。家を継承してくれた次男夫婦に後を託すかのように。

奈良市大保町の「仮門」

仮門と四十九院

二〇一一年四月、大窪家の百箇日法要を訪ねた。真言宗の導師、村岸定光住職の読経の後、集まった近親者とともに、土葬された墓地まで歩く。

土葬の山は眼前にそびえている。道のりは険しく急勾配の坂道が続いた。墓の入り口近くに来ると、荒むしろが敷かれ、草鞋《わらじ》が二、三足残されている。ここで喪主夫婦は土下座して、野辺送りの参列者に会葬のお礼の挨拶をした。それは通夜や葬儀で遺族が行う立礼に似ている。

墓の入り口に、高さ四メートルほどの青竹でできた大きな門が立っていた。これを「仮門」という。奈良市内に住む次男が父の危篤の報に駆けつけ、死を見届けるや真っ先にしたことは、この仮門を作ることだった。

「竹を伐り出して組んだ大きな門です。この仮門の下をオヤジを納めた棺をくぐらせるんです。幼いころから年寄りのすることを手伝って育ちましたから、仮門作りは得意だったんです」と次男氏は言う。

仮門は柳田国男の『葬送習俗語彙』にも、棺をくぐらせる弔いの門として出てくる。仮門は埋め墓の入り口に立てる場合もあれば、喪家から出棺する際の玄関口や縁側に立てることもある。

この門は、天皇の陵墓建造に先立ち、古代天皇を風葬で弔った殯《もがり》葬の仮門に由来するといわれている。大保町のような巨大な仮門を実際に見聞できたのは、はじめての経験だった。

「仮門はその日限りのもので、長持ちしたらあかんのです。できるだけ早く風化することで亡くなった人も成仏できるんです」と次男氏は言う。

仮門をくぐると、そこは墓標が林立する土葬の森だった。

手前の方に六体地蔵が立ち、石でできた棺台があった。大窪さんの葬列も、南山城

大保町の四十九院

村でしたように、棺台の周りを時計回りに三周したという。その後、導師によって引導が渡され、埋葬された。

大保町の土葬の場合、遺族・近親者は一人を残して、埋葬に立ち会わない。埋葬を執行するのは、穴掘り役と呼ばれる村の衆である。

「葬式の日、穴掘り役の三、四名は、朝から深さ二メートルほどの穴を掘り、葬列が到着するのを待ち構えているのです」と村の男性は言う。

穴掘り役は、遺族一人の立ち会いのもと、寝棺を穴に入れ、掘り返した土を戻し、土饅頭に盛り、墓標を立てる。さらに埋葬地の周りを囲むようにして、忌垣《いがき》を作る。この忌垣は四十九の白木塔婆で囲われており、「四十九院」という名前で呼ばれている。

この四十九院も、仮門と同様、古代の殯葬に由来する。つまり風葬される遺体を厳重な囲いで封鎖したのであるが、時代が下り土葬が盛んになってくると、この古代葬儀の殯様式を、仏教は土葬墓地で取り入れ、モガリと呼んだ。

真言宗ではこの土葬墓地でのモガリを、兜率天《とそってん》の宝殿に擬し、四十九の塔婆で囲った。兜率天とは、将来仏となるべき弥勒菩薩が住むところで、阿弥陀浄土が発展する以前から盛んだった浄土のことである。四十九院を設けることによって、この弥勒浄土に行くことを願ったわけである。

焼かれるのはかなわん

大窪さんの百箇日のこの日、一ヵ月前に起きた東日本大震災で亡くなった人々を、仮に土葬し、後でもう一度火葬するというニュースが話題になっていた。

「そんな殺生な。わしらの感覚では(死んで)寝てはる人を無理に掘り返し火葬する必要はないと思いますな」と、村人の一人は言った。

震災死した人びとは、十分な供養ができないまま土葬にしたことが問題だったと思われる。しかし大保町の村人の反応は、そうしたこと以前に、土葬が当たり前という風土ゆえのものと思われる。

土葬をなぜ続けるのですか、と五十代の男性に尋ねた。「そら焼かれるのはかなわん。熱いやんか」とおどけながら、「死んだら故郷の土に還りたい。それだけや」。彼はそう答えた。

引っ張りモチ

土葬の村、大保町には、引っ張りモチという不思議な風習が残っていた。この風習は、亡くなった人を埋葬した後に行われる。墓から戻ってくると喪家の玄関で、家を守っている人と、家から出て行った人が敷居を挟んで背中合わせになって、餅を引っ張り合うのである。

「家を出て行った次男と、家を守っている私が背中合わせになって、直径五十センチほどの大モチを引っ張り合いました」とヤエコさんは言う。

この引っ張りモチは、全国で同様の風習が数多く報告されている。実は京都府の南山城村にもそのバリエーションがあった。喪主の証言によると、家に残った喪主夫人と、他家へ嫁いでいった女性同士で餅を引っ張り合ったという。

より餅をたくさん引きちぎったほうが勝ちというお葬式の遊びなのだが、家に残った者や跡継ぎの嫁がたくさん分捕れるように、あらかじめ餅に切れ目が入っている。稲作文化を支えたコメやモチは、その家の財産の象徴とみなされる。

引っ張りモチはいわば八百長だが、財産争いでもめることなく家を存続させたいという願いが表れている。

桶転がし

大保町に今も続く不思議な弔いの風習にもう一つ、桶《おけ》転がしがある。この風習は、喪家を出棺し野辺送りの葬列が出発した後、参列せずに家に残った者が、緒《お》桶《おけ》という取っ手のない養蚕の桶を、座敷から縁側まで転がすというものだ。

なぜこんな奇妙なことをするのか。大保町の老人は「亡くなった人が戻ってこないようにという願いをこめた」と言っている。あまり理由の説明になっていない気がしたので『葬送習俗語彙』をひもといてみると、「笊転《ざるころが》シ」の項に、「出棺直後棺を置いてあった所から土間まで笊をころがし、其跡を箒《ほうき》で掃く」とある。これをザルコロガシといい、「仏が帰らぬように」と書いている。

どうやら桶の空洞やザルの目のすき間などを、死霊の住まいに見立て、転がしたり清掃することで死者が家にとどまらないようにしたようである。

なぜ蚕の桶を使ったのか、ヤエコさんに問うと、大窪家では戦前、家の二階に蚕棚を持ち、人を雇って大掛かりに養蚕をやっていた時期があったとのことだった。コメ、モチだけでなく、養蚕もまた村の主要な産業の一つだった。身近にあり暮らしに欠かせない蚕の桶に、葬具としての役割を託したのだろうと思われる。

別火屋

大保町の土葬の習俗で驚いたのは、亡くなった人の家の火を忌むという風習が残っていたことである。

現代の人にはすぐにはピンとこないことだが、昔は死の穢《けが》れを避ける方法として喪のあった家の火を使わなかった。村の女性がお葬式の手伝いをするにしても、喪家の竈《かまど》を使わないで、別の家の竈の火で葬式の料理を作った。これを別火屋《べつびや》という。

柳田国男は、「喪のある家の火は悪くなると認められて居る」と書いている。火が悪くなるとは、死の穢れが、喪家で使う火に悪い影響を及ぼすという俗信のことだ。迷信と言ってしまえばことは簡単だが、昔の人は火が悪くなることを極端に恐れた。『葬送習俗語彙』にわざわざ「ひ（火）がわり」という一章を割いて説明しているほどである。

土葬の習俗が残る大保町とはいえ、さすがにそのような風習はもうなくなっているだろうと思いながら村の女性に質問すると、「お葬式の煮炊きに喪家の火は使いません」ときっぱりとした返事が返ってきた。

火とそれによって生じる死の穢れを避ける方法として、女性の証言によると「お葬式の日、亡くなった人の家の外に休憩所を設け、そこで煮炊きをして、弔問に来た人にお酒や料理をふるまった」という。

土葬の村の昔からの風習を見ると、喪のあった家に出入りしたり、喪家に置いてあったマッチを使って煙草を吸ったり、あるいは出されたお茶を飲んだりしても病気になると真面目に信じられていたようだ。

現在の大保町の村人がそこまで信じているわけではないが、火のタブーはいまだにしぶとく残っていたのである。

大保町には野辺送りの道中で、葬列を見送ったり、途中から葬列に加わる人々に対してお菓子を配る風習も残っていた。弔問客に対して供養品として配る菓子類を山菓子という。埋葬地のある山で配る菓子という意味である。大保町の場合、野辺送りの行列の後ろのほうに山菓子を配る役の者が歩き、山菓子としてアンパンを配ったという。

一日も欠かさないご詠歌

大保町ではまた、葬儀後の夜、亡くなった人の家に村人が集まり、ご詠歌をあげる。それも四十九日まで、一日も欠かさず毎晩、西国三十三所霊場巡りのご詠歌を、一つも省略しないで一時間半をかけて全員で歌うという。

年末に自分の父を亡くした村のある男性は、土葬を行った後、元旦から三日間だけご詠歌を休み、四日からまたご詠歌を再開し、やはり四十九日まで続けたという。

まだ土葬の続くこの村でも、ここ数年火葬をする家が増えている。それは土葬・野辺送りの手間にくらべて、葬儀社が主導する火葬のほうがはるかに楽だからである。

つい最近土葬が消滅してしまった別の村の住人が、「いったん火葬になると二度と土葬に戻れない」と嘆いていた。

しかし大保町の人は、「土葬の風習が消えても、ご詠歌を毎晩歌うこと、これだけは続けたい」と話す。

初盆の精霊棚

二〇一一年八月、大窪さんの初盆に再び大保町を訪ねた。

喪主を務めた次男、隣組の男性二人が集まり、縁側の隅っこで初盆の精霊棚を作っていた。

まず縁側の天井と地面に接するように、四本の長い青竹を立て、つっかえ棒にする。次に大人の胸の高さあたりに、屋根の付いた箱を作る。横幅四十センチ、高さ五十センチほどで家屋の模型といった感じだろうか。

山で採ってきたヒノキの葉で屋根・壁一面を被い、家屋の模型の中に大窪さんの位牌を入れる。その後、模型の入り口から地面に向かって麻の茎でこしらえたはしごをかけた。

できあがった精霊棚の前には、机を置き、供え物、香炉、ろうそくを立てた。供え物には大きな蓮の葉を敷き、その上に牛と馬に見立てたなすびとキュウリの置物を飾った。馬は亡くなった精霊があの世から帰ってくるときの乗り物、牛はあの世へ戻るときの乗り物である。

作業をしている男性に、なぜ精霊棚にはしごをかけるのか問うてみた。「なんでって、そらあんたホトケさんが登ってこられるようにですがな」と大真面目な顔で返事をされた。

はしごのついた初盆の精霊棚

初盆の日、死んだ人はあの世から必ず帰ってくる、だから、死者を生きている人間と同様に扱うんだと言わんばかりだ。そこには長い間、死者と対話してきた暮らしぶりがうかがえる。

夕方、住職がやってきた。できあがったばかりの精霊棚の前でろうそくに火が点され、勤行が始まった。夏の夜のとばりが下りた。読経中、僧の後ろのほうで手を合わせていた隣組の男性二人が目くばせし、縁側に並べてあった麦わらにろうそくの火を点じた。麦わらは迎え火に使う。火が消えぬように急ぎ足で家の門の外に飛び出し、田んぼのあぜ道に置くと、火は勢いよく燃えさかった。夕闇の薄明かりのなか、大窪さんの霊は迎え火を見つけると、火の通り道を走り、精霊棚のはしごを駆け登った――。幻想的で、少しばかり厳粛な光景だった。

その後、家の裏山にある大窪家のお参り墓に案内された。土葬の村には埋め墓とは別に、こうしたお参り用の石塔墓が設けられている。大窪家のお参り墓にも先祖代々の墓が祀られていたが、初盆の大窪さんの石塔墓はまだない。言い換えると、彼の霊はお参り墓の石塔が新たに建てられるまで、土葬された四十九院の埋め墓にとどまっていることになる。

土葬か家族葬か

数年前まで百パーセント土葬だった大保町でも、近年急速に土葬が減っているという。そんななか二〇一八年の秋、村の男性が亡くなった。

その地区の隣組の組頭から電話を受けた村岸住職は、お葬式の概略を聞くや「エッ、まさか土葬ですか」と驚いた。村岸住職は大窪さんの土葬で引導を渡した僧である。大保町から山を一つ隔てた大柳生町というところで東福寺という真言寺院を守っている。

村岸さんと大保町のつきあいは古く、先代である父が住職を務めていたころまでさかのぼる。先代の父は車がまだあまり普及していなかった当時、大保町の檀家の葬儀・法事のたびに歩いて山を越えて向かったという。大窪家はちょうど山を下りた出口のところにあったことから、たびたび立ち寄った。また先代住職と大窪家の先代は同年代でウマが合ったらしい。村でお勤めを終え遅くなると、大窪家にちょくちょく泊まらせてもらったという。

今の代の村岸住職は子どものころから父に連れられ、大保町の土葬のやり方もよく見て育った。飄々としていて、大窪家などではご住職と堅苦しく呼ばれることはめったにない。一休さんと呼ばれている。

「最近では大保町でも、家族が土葬したいと言っても、故郷から離れて暮らす親戚などが反対し、葬儀会館で家族葬が行われるようになりました」と一休さんは言う。

二〇二〇年の春、コロナ禍で行われた葬儀会館での葬儀に集まったのは家族五人、親戚三、四人、村の会葬者二人という寂しさだった。

「この時節だから自粛で人を呼べないということもありますが、そうでなくても縁故関係が疎遠になってきている。それが土葬が減った理由です」と村岸住職は言う。

今も続く昔通りの土葬

二〇一八年の秋に亡くなった大保町の男性は土葬された。導師を務めた村岸住職にそのときの様子を再現してもらおう。

亡くなったのは六十二歳の男性である。大保町の山林で作業中、掘削重機の下敷きになって死亡したという。

男性は御影《ごえ》という大保町の南の地区で、母と兄の三人暮らし、独身だった。

残された家族は土葬を望んだ。遠くに住む親戚は反対したが、母の里の近親者が後押しし、隣組に協力を頼んで、土葬を実現させた。

土葬に先立つ野辺送りの葬列も簡略化されることなく、昔通りのやり方で行われたという。大窪さんの土葬で述べたとおり、葬列の先頭は燃えさかる大松明が歩いた。

その次の四つモチという死者の弁当を担ぐ役も残っていた。提灯持ちや位牌持ちも同様だった。道中で弔問者に配る山菓子のアンパンも昔通りだった。

ただし棺だけは軽トラックに乗せて運ばれた。担ぎ手が見つからなかったのである。亡くなった当の本人が、本来ならば棺の担ぎ手になるべき年齢の男性だった。過疎化で彼以外に、担ぎ手となるべき若い村の衆がいなくなっていた。

棺を載せた軽トラは、歩く人の速度に合わせて徐行運転し、野辺送りの葬列に連なった。野辺送りの葬列に重要な「諸行無常」などと書かれた白い四本幡の幟は、軽トラックの前後に二本ずつ縄でくくりつけられ、軽トラが動くたびに揺らめいた。

埋葬墓地は人ひとりいない奥深い山中にあった。大保町の埋め墓は、この男性を埋葬した墓地、大窪さんを埋葬した墓地と、もう一ヵ所別の墓地の、合計三ヵ所あるという。

今回亡くなった男性を葬る墓地にも、昔のしきたり通り入り口に仮門が立っていた。仮門をくぐり、棺台の周りを時計回りに三周する儀礼も行われた。

その後、墓穴の前で、引導作法が行われた。その作法には、白い四本の四花が用いられた。南山城村の土葬の引導作法で見たように、墓穴の東西南北の四方に投げ、死者供養のお経を唱えた。

「要はこの地の神さまに土地をお借りして埋葬させてもらいますよという意味で、地取りの作法と呼ばれています」と村岸住職は解説する。

その後、遺族は一人を残して立ち去り、当番制の穴掘り役の手で埋葬された。埋葬を終えると盛り上がった土饅頭の上に墓標が立てられたが、その周りを囲む忌垣の四十九院は建立されなかった。

ただしこれは葬儀の簡略化が理由ではない。村の決まりごとで、四十九院を建立するのは八十歳以上の男女と決められているからである。

このように、ごく最近行われた土葬でも、ほとんど簡略化されることなく、昔通りのシキタリに従って行われた。この六十二歳の男性の場合、埋葬後、喪家の玄関の前での引っ張りモチも昔通り行われたという。

「家族が土葬したいと言えば、隣組が必ず協力してくれる。そこが大保町のええとこです」と一休さんこと村岸住職は語る。

3　映画「殯の森」の舞台となった土葬の村の変遷

地獄谷

カンヌ国際映画祭でグランプリを受賞した映画「殯《もがり》の森」の舞台となったのは、奈良盆地の東側山間部に広がる奈良市田原《たわら》地区である。柳生の里や大保町とも近い。近鉄奈良駅からも田原地区へはバスで約三十分と意外なほど近く、標高は四、五百メートル。東西に十九ヵ町が広がり、山間の茶畑が美しく、奈良市の奥座敷といわれている。

二〇一三年、田原地区を訪ねたとき、同地区の大野町にある真言寺院・十輪寺の森崎隆弘住職は「田原地区にはまだ土葬が九割以上残っています」と言っていた。誇らしげだった。映画の舞台は、有数の土葬の村だったのである。

二〇一九年冬、再び十輪寺を訪ねた。住職は一転して落胆した表情で「田原にもう土葬は残っていません。葬儀社の営業がすさまじく、大半が会館葬と火葬に変わってしまった」と言う。

わずか六年の間に何があったのか。森崎住職の証言を中心に、まずどんな葬送の歴史を経て、田原地区が有数の土葬の村になったのか、というところから変遷をたどってみよう。


「田原地区の北側山間部は、奈良時代から地獄谷と呼ばれていました。寺や埋葬のための墓地などなくて、遺体は捨てられていたんです」と住職は言う。

地獄谷を探そうと、十輪寺から北側山間部を目指して歩いた。曲がりくねった道に迷いながら、山間につながる一本道に出た。茶畑の間を縫うように走る急勾配の坂道を登ると、そこには太安万侶《おおのやすまろ》の墓があった。太安万侶は、飛鳥・奈良時代の貴族で、古事記の編纂者として知られる。

一九七九年（昭和54）、火葬骨と太安万侶の墓であることを示す墓誌が発見された。史跡には直径四・五メートルの円墳も復元されている。

しかし、遺体を遺棄した地獄谷を想像させるものはなにもない。地図で確かめると、太安万侶の墓のある山間部から北西の山伝いにある春日山のあたりに「地獄谷石窟仏」という名称が残っていた。この石窟は奈良時代のものとされている。

全国各地の地獄谷と通称される地域を調査した仏教民俗学者の五来重は、地獄谷は風葬の谷であったと推定している。著書『日本人の地獄と極楽』（人文書院）には、大和の神体山といわれる三輪山でさえ「江戸時代の記録には『むくろ谷』と記録されている」と書き、ここも風葬や遺棄葬の葬地であったとしている。

奈良市田原地区の北側山間部にある太安万侶の墓（上）と円墳（下）

有名な「餓鬼草紙」の疾行《しっこう》餓鬼の図には、平安時代から鎌倉期にかけて、京の代表的な葬地である鳥辺野《とりべの》でむしろの上に放置された遺骸や、犬が死体を食い漁っているさまが描かれている。土葬に先立って遺棄葬の時代が存在したことは、葬墓制の民俗研究者の手でだんだん明らかになった。

森崎住職は、田原地区も同様に、寺と共同体の埋葬墓ができるまで、遺体は薦《こも》にくるんで地獄谷に捨てられたと考えている。

そのように確信するのは、何年か前に田原地区で、複数の遺体を一挙に収納できる大きな丸桶が発見されたからという。

「疫病などでいっぺんにたくさんの人が亡くなった場合、その丸桶に入れて墓まで運び、遺体を墓穴に投げ入れるようにして埋葬したのでしょう。個々人の専用の棺桶で埋葬する時代以前があったことを想像させるんです」と住職は言う。

有数の土葬の村、田原地区は、地獄谷の遺棄葬の時代から、薦にくるんで埋葬したり大きな丸桶から遺体を投げ捨てたりする時代を経て、徐々に葬送の民俗習慣を成熟させ、土葬へと変遷したと考えられる。

手押し霊柩車

森崎さんが住職を務める十輪寺は、田原地区大野町のバス停を降りるとすぐ目の前にある。急坂の石段を登ると山門があり、これをくぐると左手に寺の墓地があった。手前に六体地蔵の石仏が並び、その向こうには先祖代々の石塔墓が林立している。

下の方を見下ろすと、埋め墓があった。墓標を囲むように塔婆を並べた忌垣が作られている。朽ち果てた忌垣や、墓標に没年が平成二十四年と記された新しい忌垣まで様々。四十九院という古代殯葬様式の残骸がそこかしこにあった。埋め墓とお参り墓は厳然と区画されていた。

「田原地区の十九町のうち八町で亡くなった人が、自宅から寺まで野辺送りをした後、この寺の墓地で埋葬されます。残る十一町は各地区に共同墓地を持っていますが、導師を務めるのは私の役目です」と森崎住職は言う。

明治以前、田原地区には十輪寺以外に、同寺の配下の僧侶養成寺院が二十六も存在したという。十輪寺を除いて他の寺は、明治初めの廃仏毀釈の嵐、戦後の農地解放で消滅していったが、主にその地が現在では村の共同墓地になっている。そのなかで十輪寺だけがかろうじて生きのびた。

十輪寺に所蔵されている、四つモチ（法界弁当）を入れる木箱

「葬式仏教は悪いという人がいますが、それがなければ寺はとうの昔に潰れていました」と住職は言う。

山門から墓地とは逆に右に行くと本堂が見える。その脇を下ると、野辺送りの葬具を保管している倉庫があった。鍵を開けてもらうと、倉庫の中には、提灯、四本幡、四つモチを入れる木箱など、野辺送りに使う主だった道具（野道具）が並んでいる。

四つモチはここまでにも何度か紹介したが、奈良市の東側山間部の土葬習俗で代表的な葬具の一つである。森崎さんによると、またの名を「法界弁当」と呼んだ。「法界」は、仏法の及ぶ世界、つまり宇宙の真理を表す仏教用語で、西方極楽浄土へ旅立つ道中で死者の食べる弁当を指す。

野道具の倉庫で最も目を奪われたのは、手押しタイプの霊柩車である。お宮をかたどった宮型の屋根を持ち、今日の宮型霊柩車の元祖といったところだろうか。棺の入

奈良市田原地区の輿車（手押し霊柩車）

る胴部分の下に小さな前輪、後ろに大きな後輪があり、前輪から担い棒が延びていて、棒を操作すれば霊柩車は曲がりくねった道でも自由に動くことができる。この手押しの霊柩車は、棺を載せる輿という意味で輿車と呼ばれる。輿車の横の扉を開くと「昭和十八年正月新調」とあった。

映画「殯の森」の冒頭に、印象的な野辺送りのシーンがある。緑のまぶしい高原を背景に、白い幡がたなびき、白ずくめの村人が黙々と歩く。森崎住職自身も出演している。

「お葬式の真似ごとをしてくれと、村の衆にエキストラ役を頼みました。嫌がるかなと思ったら、映画にならば出ると言われた（笑）」

倉庫に眠る野道具は、映画の衣装・小道具としても利用された。土葬の依頼があるたびに取り出し、村人によって色紙などを使って装飾され、野辺送りに使われる。

大名かご型の輿車

一九四三年（昭和18）に新調された手押しの輿車は、もともと座棺を収納する霊柩車として作られた。そのせいで、現在のように寝棺を使う場合、直方体の入れものから不格好にはみ出してしまう。

「戦中、輿車を新調したころは、座棺が全盛だったのです」と住職は言う。ここで田原地区の野辺送りに使う輿車の変遷をたどってみよう。

輿車に座棺を入れるときにもうるさい決まりごとがあった。輿車の後ろ扉を開けてそこから座棺を積むとき、棺桶の中の故人が生前過ごした家が見えるような向きで、輿車の中へ入れた。

現在、寝棺の輿車として使う場合も同様に、輿車の後ろ扉を開け、中へ足から入れずに頭から入れた。そうすることで仰向けに寝たまま、故人の前方には自分が生まれ過ごした家が見える。「ホトケが名残を惜しみながら旅立てる」（森崎住職）のだ。

座棺用の輿車を新調したものの、それとは別に、大名かご仕立ての輿を使っていた時代もあったという。大名かごの輿は、座棺の棺がかごのなかにすっぽり入り、これを前後二人の担い手が担いだ。こうした豪華な輿車や大名かご型は、ただ棺桶を担ぐのにくらべ村人に好まれた。この時期、葬列のスペクタクル化（ショー化）が進んだといえる。

しかし戦後になると、納棺にひどく手間取る座棺より、寝棺が好まれるようになった。田原地区でも、寝棺に二本の棒を渡しただけで前後二人が担ぐやり方に変化した時期があったという。

さらに時が移ると、寝棺を担ぐ村の若い衆が、「棺桶が重くてかなわん。途中で一服したい」などと不平を漏らすようになった。昔のしきたりに固執する年寄りは「途中でおろすのはまかりならん。だいいちホトケさんに失礼やろ」などと言う。

どの土葬の村でも、死体が重いという苦情はつきもののようだ。私の調査でも、担ぎ手に助っ人をつける地域が多く見出された。

田原地区では、助っ人を設けなかった。その代わり、昭和十八年謹製の手押し輿車が、寝棺用の霊柩車として復活した。それが現在まで続いている。

善の綱

二〇一〇年ころ、田原地区の沓掛町で土葬・野辺送りが行われた。その模様が偶然アマチュアカメラマンによって撮影され、貴重な写真が十輪寺に残っている。

茶畑と田園風景のなかを、野辺送りの長蛇の葬列がぞろぞろと歩いている。先頭の松明、四つモチ（法界弁当）、灯籠、白い四本幡の幟と続き、なかでも目を惹かれるのは、その次に続く、白い布切れを引っ張って歩く女性たちの群れである。白い布は、手押し霊柩車の前方取っ手から延びていた。

それは「善の綱」と呼ばれている。安楽往生を遂げた死者の霊につながるという意味で、「縁の綱」ともいう。

善の綱、または縁の綱は、全国の野辺送りに広く普及している。『葬送習俗語彙』にも「棺の前方に白布を伸し、近親縁者の女性や子供が引いて先導し、之をゼンノ綱と呼ぶ地方が多い」とある。女性の並ぶ順番にもうるさい決まりがあり、臨終の介抱をした嫁が先頭のところもあれば、全くその逆という例もある。

田原地区の野辺送りの葬列

田原地区では、位牌を持つ喪主夫人が輿車の後ろを歩くのを除いて、女性はみな輿車の前で善の綱を引いた。

「輿車を境にして、女性はみな前を、男性は後ろを歩きました。村の会葬者の女性や葬儀の手伝いをした女性も例外でなく、みな輿車の前です。女は輿の前、男は輿の後ろというのが、田原地区の特色と言えば特色です」と森崎住職は言う。

田原地区沓掛町の野辺送りは、約二キロの道のりを歩いた後、埋葬地に到着する。その墓地を二〇一九年の冬、訪ねた。墓地の入り口に埋め墓、その隣の敷地に石塔のお参り墓があった。両墓は隣接しているが、明らかに区画分けしてある。埋め墓の手前には六体地蔵、棺を置く石の台があり、忌垣型のモガリを組んだ四十九院が朽ちていた。最近、沓掛町では土葬が行われていないことがうかがえる。

爪かきという奇習

田原地区の野辺送りのなかに、かつて埋葬墓地に供える膳を持つ役があった。しかしいつの間にか、葬列の道中で、膳の上に載っていた枕飯を藁にくるみ、道中横切る川にお膳ごと投げ捨てるという具合に風習の形を変えていったという。

なぜそんなふうに風習が変わったのか。その消息を村人に尋ねると「施餓鬼供養のため」と答えた。葬式の日には、送るべき死者の霊とは別に、死者と全く縁のない死霊もさまよっていると考えられている。その霊を餓鬼という。餓鬼は六道輪廻の一つで常に飢えと渇きに苦しむ。お膳持ちの役割は、餓鬼に饗応し供養することへと意味が変わったのである。

その後、お膳持ちは川にお膳を投げ捨てることが定着していたが、川が汚れるという環境汚染の問題が持ち上がり、この風習はいつの間にか途絶えてしまったという。

田原地区にはまた、土葬を終え埋葬墓地から喪家に戻ってきたときに行う、「爪かき」という奇妙な風習が残っていた。

「その日のお葬式で手伝いをした誰かが、戻ってきた遺族・近親者の爪を鉈でそぐような格好をしました。たぶん清めの意味があったと思う」と村人は証言する。爪をそぐ真似だけでなく、そいだ爪を謹んで半紙に包んで受け渡す所作もしたという。

このパントマイムのようなゾクッとする風習も最近なくなってきているという。少し前までは葬儀後必ず配られていた清めの塩が葬儀場から消えていったように、死のケガレを清めたいという意識が薄れたか、または死をケガレとすること自体が差別的な感情であるという規制が働くかして、古いシキタリも忘却されていったのだろう。

これに対して、田原地区で今も残っている風習に、葬式の翌朝に行う墓参りがある。これを朝墓参りという。近親者が朝墓参りから帰参した後、喪家に立ち寄って、豆がゆを食べる風習も残っている。豆がゆは喪家が作ったものがふるまわれた。

森崎住職によれば、「いわゆる小豆がゆではない、それ以外の豆をコメといっしょに柔らかく煮たおかゆ」という。この風習のいわれは、住職も知らないという。奇妙な弔いの風習も、食にかかわる暮らしの習慣として定着すれば、長く生きながらえるようである。

ムダをすることが供養になる

弔いの風習が消滅ないし変容するのは、盆行事においても同様である。田原地区では初盆のとき、回り灯籠を使った。回り灯籠はろうそくの熱で生じる上昇気流で内枠が回転し、幻想的な影絵が次々と浮かび上がる。死んだ人を初めて娑婆に迎える初盆の終わりには、この回り灯籠は家の外に出して田んぼなどで燃やした。この風情のある風習は「お焚き上げ」と呼ばれた。

「それが今じゃゴミ回収に出してしまいます」と森崎住職は嘆いた。

ここまで見てきたように、田原地区には長く土葬の習俗が残っていた。しかし三年前の二〇一七年、田原地区の矢田原《やだわら》でのお葬式を最後に、土葬は行われていない。

野辺送りには少なくも総勢二、三十人の遺族、近親者がかかわり、葬儀を手伝う村人は、松明や灯籠、飾り用品などの葬具を竹細工や紙細工で、通夜・葬儀に間に合うように作り上げなければならない。町の葬儀会館で葬式をすることにくらべ、はるかに手間がかかる。

それでもなお、森崎住職は土葬にこだわる。

「九十歳で亡くなったおばあさんは、例えば二十歳で嫁入りしてきて、七十年間田んぼや畑を耕し村のつきあいをしてきたんです。葬儀会館のお葬式は、それをある日、一瞬で送るわけです。私はそれにどうしてもなじめません。みんなで〝ムダ〟をいっぱいして故人を送ることが供養になるのです」

映画「殯の森」は、村の人の古いシキタリや土葬の風習の面白さを、国内外に伝えるきっかけになった。しかしそれぐらいでは、土葬消滅の波は止まりそうにない。

お葬式は寺か葬儀会館か

田原地区の村人の証言に耳を傾けてみよう。檀家総代のある男性はこう言う。

「少し前までは遺族が何も言わなくても土葬だったんですが、最近は誰かが亡くなると、隣組の人が集まって、葬儀は十輪寺に頼むかそれとも葬儀社の葬儀会館でするか、遺族にお伺いを立てるようになりました。それが今では、大半の遺族が奈良市内にある葬儀社の会館で葬儀をするようになったんです」

この檀家総代の男性は、長男は東京で就職し、今はアフリカに滞在しているという。次男は奈良市役所に勤めている。「定年になれば田原に帰ってくるので田畑は売らないでほしい」と親に言っているという。檀家総代の父親は「次男が先祖を守ってくれると期待しています」と言った。

次男が戻ってきても、古い風習を続けたいと考えているかどうかは疑わしいが、少なくとも田原を離れていても近くの都市に後継者がいることが、これまで奇跡的に土葬が続いてきた理由の一つなのだろう。

二〇一九年の暮れに行った今回の取材中、十輪寺を訪ねてきた男性はこう語った。

「土葬がなくなり十年になりますかなあ。若いころは穴掘りをしょっちゅうやらされました。今でも誰かが亡くなって、喪主がどうしても火葬はいやや、土葬したいと言えば、土葬せなあかんでしょう」

田原地区から土葬がなくなったわけではない。十輪寺の倉庫には今でも野辺送りの野道具が大切に保管され、ハレ舞台を待っている。しかし、その存続は危うく揺れている。

4 神式の土葬

本居宣長の奥津城

古くから日本の葬儀は仏教者に委ねられてきた。特に宗門改めが行われた江戸時代、亡くなった人のほとんどが仏教葬で送られた。国学者、本居宣長も例外でなく仏教葬だった。が、彼は古神道の思想から山中に他界を求め、山頂に奥津城《おくつき》を造ることを遺言し、そこに葬られたという。

奥津城とは神道式の墓のことである。神道式の墓石にこの文字がよく刻まれる。多

渓谷の村、十津川村。水面がエメラルドグリーンに光る

くは山中奥深い地に埋葬されることを理想とする。奥都城、奥城とも書く。

死んだらどこへ行くのか。日本人は死後、仏教の唱える十万億土のかなたの極楽浄土に行くよりも、身近なふるさとの山に還ると思っている人が多い。この固有の信仰を山中他界観という。

山中（他界）で神となった先祖の霊は、彼岸、盆、正月に娑婆に戻ってきて、生きている人びとに幸福をもたらすと信じられている。このことから、神道の葬儀儀礼は仏教にくらべて、土葬によりなじみが深いと考えられる。

奈良県の最南端に位置する吉野郡十

津川村には、今もなお土葬による神式葬儀（神葬祭）が残っている。

一八六三年、尊王攘夷派が起こした天誅組の変は、十津川村郷士を中心に組織され、乱をおこし、十津川村で壊滅した。勤皇色の強い十津川郷士の伝統を持つ同村は、明治時代初めの廃仏毀釈で仏教色が排除されて以来現在に至るまで、大正時代にできた新宗教の寺院を除けば仏教寺院は一ヵ寺もない。

十津川村の人口は約三千人だが、面積は約六百七十平方キロメートル。奈良盆地の二倍以上の広さがある。村としては日本一の広さを誇るという。

南北に山の迫った渓谷の村に、北東から大峰山の修験の道、奥駈道《おくがけみち》が走り、北西に高野山への道が走る。さらにまた十津川村から南へは熊野の本宮大社まで近い。十津川村は、これら歴史的な聖地に至る古道が交差する扇の要の場所に位置している。

神葬祭が今でも根強い十津川村で、神式の土葬がどのように行われてきたのか、述べていこう。

フリーの神官による土葬・神葬祭

二〇一八年九月、十津川村の武蔵地区という所で、三十年ぶりの土葬が行われた。

亡くなったのはNさんという百歳近い地元の神官だった。彼は十津川村の北に隣接する五條市の病院で息を引き取り、同市の葬儀会館でお葬式が執行された。ただしNさんは本居宣長と同様、山中奥深い墓地に埋葬されたいと遺言していた。そこで葬儀社の会館葬の後、遺体は同市にある火葬場で荼毘に付されることなく、生まれ故郷の十津川村武蔵地区の自宅に直行した。

家にはあらかじめ土葬・野辺送りの準備をした地元の人々が待ち構えていた。すでに五條市で葬儀を済ませていたので、自宅での葬儀は行わず、すぐさま遺体を奥津城へ運ぶ野辺送りが行われた。

このとき、神式の野辺送りを執行したのは岡保《おかたもつ》さんという神官である。岡さんは長年、十津川村で土葬の神葬祭を執り行ってきた。現在、どこの神社にも所属していないフリーの神官だ。

岡さんの証言によると、野辺送りは以下のように行われた。

先頭を歩く長老格の男性は、松明と箒を携えた。松明は仏教式の野辺送りと同様、弔いの聖火である。道中で松明に点火はしない。神式らしいのは箒を持っていることだ。箒持ちは古事記の天若日子《あめのわかひこ》の葬儀の記述によるという。

天若日子は日本神話で天孫降臨に先立ち、アマテラスのおわす高天原から出雲の平定に遣わされた神である。しかし出雲に降り立ったまま復命せず、使者として派遣され詰問するキジを弓矢で射殺した。しかし高天原からその矢を射返されて死んだ。

その天若日子の野辺送りの葬儀の記述に、「喪屋を作りて、河鴈《かわがり》を岐佐理持《きさりもち》と為《し》、鷺《さぎ》を掃持《ははきもち》と為《し》……」とある。現在の神葬祭の先頭の箒は、この古事記の記述のなかの「箒」を持つ者に由来すると考えられている。フリーの神官、岡さんは、「箒持ちは墓地を清める重要な役」と言う。

松明・箒持ちの次に続くのは、真榊《まさかき》持ちである。これも神葬祭を特徴づける。高さ約一メートル半ある榊の葉のついた木を二本、墓地まで運ぶ。二本の榊の木の間には紙幣を垂らした注連縄《しめなわ》が渡されている。

その次に続くのが、岡さんの務める神官である。神式葬儀の場合、神官は白い衣冠・法衣をまとう。神官によっては、黒またはグレーっぽい鈍色《にびいろ》を着るという。

「神官は神式の葬儀全般を指揮します。その役目柄、葬列中で固定した位置というのはなくて、野辺送りの列の前後に位置を変えたりして、葬列全体を指揮しながら歩きます」と岡さんは言う。

その次に続くのは、五色の旗である。青、黄、赤、白、黒の順で並ぶ。これも仏教葬にはない、神葬祭独特の葬具である。

その後ろには白い銘旗が続いた。銘旗には「○○○之棺」と、故人の俗名が墨書されている。

さらに灯籠が続く。灯籠は先頭の火を点けない松明とは異なり、点灯され道中を照らす。四角い木枠に白い和紙を貼ったもので、葬儀を準備した村人が手作りした野道具である。

日おいと寝棺

その次に続くのが棺である。十津川村では寝棺を使っている。家から出棺する際には、子どもがわらじを履いて寝棺を担ぐという独特の風習が残っている。

ただし非力な子どもに持たせるのは出棺時だけで、長い野辺送りの葬列中は成人男性が担いだ。子どもは、道中、故人の杖と草履を携えて歩いた。

寝棺の棺桶は白い布で覆われており、その上に小さな宮型の祠が載っている。太陽の陽をよけるという意味で「日おい」と呼ばれていて、やはり神葬祭独自のものである。

日おいの中には霊璽《れいじ》が入っている。霊璽とは仏式の位牌に相当する。神道式に戒名はなく、霊璽には俗名が書かれている。

例えば故人が老人男性なら「○○翁之霊位」、老女なら「○○之媼」、若い女性なら「○○之刀自《とじ》」、成人男性は「○○大人《うし》」「○○郎子《いらつこ》」、幼児は「稚郎子《わかいらつこ》」「稚郎女《わかいらつめ》」といった具合だ。

その後、供物が続いた。供物は、花筒、むしろ、玉串、かわらけなどで、これらも墓地での神葬祭の儀礼で用いられる。

現在の野辺送りではなくなったが、かつては槍やなぎなたを持つ役もいたという。

「平谷地区という所では、棺の前に故人が男性なら槍を、女性ならなぎなたを持った人が歩きました。木で作り、色を塗った手作りです。葬列の威儀を整える意味がありました」と岡さんは言う。

槍・なぎなたは、江戸末期、十津川郷士と呼ばれた半農の勤皇武士がいたことを思い出させる。

さらに銃刀法の厳しくなかった時代、出棺時、猟銃を持ち空砲を撃つ風習があったという。空砲は野辺送りの道中でも撃った。仏式の野辺送りで、出棺の合図に鉦を激しく打ち鳴らすことに似ている。猟銃を撃つのは、山林の村らしい弔いの風習ともいえる。

六百六十六円の三途の川の渡し賃

野辺送りをするための出棺前、十津川村では、棺の中に死者が黄泉《よみ》の旅路で食べるおにぎりを入れた。さらに小銭六百六十六円を入れた。一円、五円、十円、五十円、百円、五百円それぞれ硬貨を一枚ずつ合計六百六十六円也。つまり三途の川の渡し賃の現代版である。

神官の岡さんはこう言っている。

「このような風習は、神社本庁から葬式の仕方として習ったわけじゃありません。結局のところ、神葬祭を執行するうちに、村から教えられたんです」

神式埋葬式の作法　柏手の音を立てないしのび手

野辺送りの葬列は坂道を登っていくと、ようやく奥津城のある墓地に着いた。山野が迫った十津川村の坂道はたいへん急峻である。坂道は途中で道が途切れたり、人ひとりしか通れない道に立ち往生したりする。

しかし、到着した墓地はこれでもまだ山の中腹である。二〇一八年に亡くなったNさんの本当の奥津城は山のてっぺんにあった。しかし亡くなる少し前、高齢化したNさんは、自宅に近い場所に墓地を引っ越しさせ、先祖代々の石塔墓とは別に埋葬できる場所も確保していたのである。

墓地には、穴掘り役を務める村の男性の手で墓穴が掘られていた。穴の深さは約二メートル。葬列が到着すると、真っ先に松明に火が点じられた。松明は古代の弔いの聖火のように燃え上がった。

その後、墓穴の前で、神式の埋葬式が岡神官の手で行われた。墓穴の前には、野辺送りのとき携えた真榊が左右に立てられた。真榊から延びた注連縄の前で、神官は祝詞《のりと》を読み上げる。「口上は仏式のような難しいお経でなく、口語文で、あなたの終の墓地なのだから、ここでゆっくり休んでくださいと、それだけのことを言います」と岡さんは言う。

祝詞奏上が済むと、参列者は柏手を打ち、玉串を供え、焼香のような作法で生米をひとかけら供える。

柏手には弔い時の特別な作法がある。平時と異なり柏手の音を立てないのである。岡神官によると、「埋葬式から仏式の四十九日に相当する神式の五十日祭までの間は、柏手の音を立てません。これをしのび手といいます」。

しのび手は出雲大社系であれば二礼四拍手、神社本庁系では二礼二拍手を、音を立てないで行うことになる。ちなみにフリー神官の岡さんは二礼二拍手だという。

参列者全員が土かけ

埋葬式の後、故人の棺は土中に埋葬される。まず、葬列の先頭を歩いた長老が、携えた箒で穴の周りを掃き清めた。続いて、穴掘り人の手で寝棺の棺が穴の中に沈んだ。野辺送り中、子どもが携えた故人用の杖・草履も土中に納められる。

親族、参列者は墓穴の周りに集まり、土かけが始まる。一番最初に、Nさんの遺族が土をひとかけ入れた。十津川村の場合、土葬には参列者全員が参加する。遺族や親族に始まり、一般会葬者まで全員が少しずつ土を入れ、穴は埋まっていった。土饅頭の形に完全に埋まると、その上を穴掘り人は固く踏みしめた。土饅頭の上には俗名で

十津川村、お参り用の祭壇

書かれた墓標が立てられた。

その後、埋葬地の上に、お参り用の祭壇が組まれる。墓標のすぐ前のほうに白い清浄な丸石を置く。この丸石を玉石《たまいし》という。玉石を目印にしてその上に、宮型の祠の日おいが置かれた。

「玉石はお葬式までに、十津川村の川辺で一番きれいな丸石を選んで拾ってきました。弔いの準備で重要な役目の一つなんです」と岡さんは言う。

日おいの前方には机が置かれ、その上に生米と塩が供えられる。木の机の左右には榊の花立てが一対並んだ。後ろのほうには灯籠が左右に一対立てられた。

このように組まれた埋葬地の祭壇は、朽

ち果てるまで据え置かれる。その横、または同じ墓地の近くには、お参り用の石塔墓が建っている。十津川村の墓は、お参り墓と埋め墓が一ヵ所に並ぶ単墓制なのである。

土葬名人

「十津川村は山が険しく傾斜地です。縦に長い座棺は、二メートル以上深く掘らなきゃならんでしょう。下のほうの地層は岩盤が多く、穴掘りが何よりたいへんでした」と語るのは、同村の武蔵地区に住む小西武夫さん（八十二歳）である。

六十年以上土葬を経験し、三十年ぶりとなる今回のNさんの土葬では若手男性が穴掘り作業をしたが、やはり小西さんが穴掘り役の長として全体を采配した。土葬名人といわれる。

十津川村の土葬のための穴掘りは、地質条件の厳しさから前日に行われる。私の聞き取り調査では、土葬の穴掘りを前日に行う所は皆無だった。たいがいは土葬当日に行われる。不幸ごとの弔いは、なるべく葬式当日だけで済ませたいという理由からだ。前日から穴掘りをするというのは、それだけ十津川村の穴掘りが困難なことを示している。

小西さんによると、穴掘りを始める前に、まず地面に酒と塩を撒くことから始まった。

急勾配の坂地に穴を掘ると、ボロボロと土が崩れ落ちた。これでは穴掘り作業は進められない。そこで土が穴の中に落ちないように、傾斜地の上のほうを板で押さえながら作業を進めた。しかし、そうやってある程度まで掘り進めると、必ずと言っていいほど硬い岩盤にぶつかった。

「土葬の日の前日の昼間から掘り始めたのに、夜になってもそれ以上掘れないということがありました。そのために電動の掘削機を引っ張り出してきて、岩盤をぶっ壊したこともありましたな」と小西さんは言う。

十津川村は豪雨や雪などによる災害がたびたびニュースになるほど、気象条件が厳しい。穴掘りだけでなく、墓場に続く道の崩れた箇所を整備するのも、重要な仕事の一つになる。

「集中豪雨など悪天候の場合は、前日から前もって防水シートをかぶせました」

また、「私の家内の父が亡くなったとき、大雪が降り、家の庭から墓場まで、朝から雪かきをしました。それでも夜になると、ものすごい吹雪が襲い、お通夜に来ていただいた親戚が気の毒でした」と小西さんは言う。

墓穴に猟銃を撃ち込む

土葬名人、小西さんが、十津川村の埋葬の作法で今も強烈に覚えているのは、棺を穴に入れた後、猟師が穴に向かって猟銃を撃ったことである。それも出棺の際に撃つ空砲ではなく、実弾を撃った時代があったという。

「私の住む武蔵地区にはなかった習慣ですが、よそのいくつかの地区では猟銃を撃ちました。邪気をはらうとか魔よけの意味があったのでしょう」と小西さんは言う。

二〇一八年、三十年ぶりのNさんの土葬は寝棺だった。座棺にくらべ穴掘りは楽だったと思われるが、やはり岩盤が出たりして作業は難航したという。

土葬を無事終えた後、やれやれと安心していると、九十歳前のN夫人が「私も死んだら土葬してほしい」と言ったという。土葬に満足してくれたことに一安心したが、ハタとあることに気づいた。墓地には先祖代々の石塔墓が林立しており、夫人を埋葬するスペースがどこにも見出せなかったのである。

「困ったなあ、奥さんを埋葬しようと思ったら、ご主人の棺の上に重ねて埋葬するしかないな」とつぶやいた。

神式の通夜祭

十津川村では人が死ぬと、末期の水を飲ませるのに、筆に水を含ませ口を濡らす。遺体の枕もとには魔よけの刀を置く。刀を置かないと猫が死体を飛び越え、死体が起き上がるなどと伝承されている。

湯かんは「榊の葉を水に浸けて遺体を拭き清めてから死に装束に着替えさせる」と、自分でも親を湯かんした経験のある岡さんは言う。

神葬祭で特徴的なのは、通夜祭と呼ばれる通夜の儀礼である。通夜祭の儀礼は「ただ今より〇〇〇みたま(御霊)の通夜祭を行います」という神官の発語に始まる。重要なのは、死者の霊を霊璽に乗り移らせることに主眼を置いていることだ。これを遷霊祭という。

『神葬祭大事典』(戎光祥出版)の「神葬祭の祭儀」の遷霊祭の項には、「いわば死の確定であって、それによって、引き続く諸儀は遺体を葬るための祭儀に切り換る」と説明している。

「仏式のような複雑な引導作法を行うわけではありません。あなたは生前こうこうだったがどうぞ心を残さないで逝ってくださいというようなことを、口語ではっきりと伝えます」と岡さんは言う。

「そうそう通夜祭の後の深夜、遠方からの親戚が泊まった一軒家から出火があり、丸焼けになる騒ぎがありました」と思い出すのは、前述の土葬名人、小西さんである。通夜祭に参列後、宿泊した近親者のために風呂を沸かしたところ、煙突が過熱して出火、火は瞬く間に大きくなり、雑魚寝していた親戚の人々は着のみ着のまま二階から飛び降り、足のねんざなどのケガをした。

座棺の棺は、一階に安置されていた。ほうほうの体《てい》で座棺を皆で運び出した。幸い座棺は間一髪、救出されたが、家はそのまま全焼した。昭和四十年代のことという。

そのため翌日のお葬式は自宅でできず、近くの集会場で行われた。えらいものでそこから野辺送りの葬列は出発し、墓地での埋葬もやり遂げたという。

もし通夜祭の後の深夜、皆が眠ってしまっていたら、棺も無事ではすまなかったろう。ただ、そのころの通夜は、今のような決まりきった夕方の定刻に始まる儀礼ではなかったし、遺族や近親者の誰かが起きていて、弔いの線香を絶やさないということが守られていた。この通夜の寝ずの番を「夜伽《よとぎ》」という。

夜伽という昔の弔いの風習がなければ、出火を察知できず、悲惨な大事故に発展していた可能性もある。

魔が出る夕参り

故人の埋葬を済ませた葬儀の日の夕方、十津川村には墓地で火を焚くという夕参りの風習が残っている。

平時の十津川村の墓地を見たいと思い、岡神官の暮らす同村平谷地区の墓地を訪ねた。平谷地区には十津川温泉郷がある。

岡さんの自宅のすぐ裏にある山手を上がると、眼下に山間を縫うように流れる十津川の水面がエメラルドグリーンに光っている。なおも山道を登ると、人ひとりがやっと通れるくらいの曲がりくねった道が続く。ここを重い棺を担いで登るのは、さぞかし大変だろうと思いやられる。

ようやく登りきると、段々状の共同墓地が広がっていた。埋葬墓地に置かれた日おいの祭壇、花立て、墓標が朽ち果てて残っている。その隣にお参り用の石塔墓も建っている。案内してくれた岡さんの夫人によると、「地区全体の共同墓地から数軒の家だけの墓地まで、このような場所が十津川村には百はくだらないほどあります」とのことだ。

夕参りは、埋葬地の前あたりで、近親者が夕方四時ごろから集まり、火が焚かれる。

「火を焚くのは魔よけのためです。盗掘を防ぐためともいわれています。子どものころ、夕方には墓に行くな、行くと誰かに連れていかれると言われました」と岡夫人は言う。

火焚きは葬儀後、一週間続けられた。

忌明けの五十日祭

十津川村の神式葬儀は、仏式のように七日ごとではなく、葬儀の翌日の翌日祭、それに続き十日ごとにあと祭りが行われる。初七日《しょなのか》に相当するのは十日祭、二七日《ふたなのか》は二十日祭、四十九日に相当するものは五十日祭と呼ばれる。

十日祭は翌日祭とまとめて、葬儀の翌日に行われることが多くなったという。初七日が葬儀当日または翌日に行われるのと同様である。自宅に死者の棚を設け、その上に榊に幣をつけた竹の筒を置いた。これをみたましろという。もう一つ故人の霊璽を置いた。仏式の位牌に相当する霊璽は、埋葬地に置いた日おいの中に入っている霊璽とは別に、もう一本作っておいたものだ。

神道式の十津川村の家々には、アマテラスを祀ったいわゆる神棚とは別に、「先祖さん」と呼ばれる先祖代々を祀った棚がある。みたましろの祭壇はそれとも別に作られる。死んだばかりの死者の霊はまだ荒々しく、そのために先祖さんに遠慮し、隔離して祀られるのだ。

五十日祭が済むと、このみたましろの棚は取り払われ、先祖さんの棚に合祀される。

さらに一年後、一年祭が行われる。そのときには死者の霊璽は、近所の氏子神社に建てられている「祖霊社」という社に合祀される。

これが新しい死者供養の大きな節目になる。以後、死のケガレのあった死者の霊は清められ、祖霊とともにその家を守る神となる。

「神式葬儀の習慣では三年、五年……百年祭までありますが、今は三年祭以降ほとんどしなくなりました」と岡さんは言う。

奥津城の墓じまい

なぜ十津川村にはこれほど長く土葬が残ったのだろう。大きな理由の一つに、火葬場が近くになかったことが挙げられる。今も十津川村に火葬場はない。

「遺体を火葬したければ、一番近辺で北は隣町の五條市、南は和歌山県の新宮市まで行く必要がありました。車で何時間もかかる遠隔地ですし、火葬料金も県外扱いになるのです」と岡さん。

十年前には火葬の県外料金は十五万円もした。最近は安くなったが、それでも数万円かかるという。

別の村在住の男性はこう証言する。

「わしの大おじいさんが新宮の病院で死んだときは、丸桶の座棺を車に積んで病院まで迎えに行き、病院で納棺して、土葬のために家まで運んだこともありました」

丸桶とは文字通り木で作った丸い桶の棺桶のことである。昔はどの村でも、この丸桶に死者を胡坐座りさせて納棺した。

最近では、五條市や新宮市の病院で亡くなると、その地の葬儀会館で葬儀を行い、そのまま火葬場で火葬するケースが増えた。そのため、十津川村もまだ土葬が残っているとはいえ、火葬が急増しているそうである。

十津川村から土葬が消滅しそうなもう一つの理由として、山上にあった奥津城をふもとのほうに移す人が増えたことが大いに関係している。

Nさんの土葬で見たように、山上にあった墓地をふもとの自宅近くに引っ越しする際、土葬のための埋葬スペースを確保していれば問題ないが、そのような例はまれである。たいていの人は山頂の奥津城まで行かなくて済むという理由だけで墓じまいを決意する。

その結果、土葬は減り、より労の少ない火葬が選択されるようになるというわけである。

百年間寺のない村

明治時代に起きた廃仏毀釈以来、現在に至るまで十津川村には新興の仏教寺院を除

廃仏毀釈以前の僧の墓。以来100年、十津川村に伝統寺院はない

いて一軒の伝統寺院もない。このことは、十津川村でなぜ土葬が続いたかを考えるうえで大きなヒントになる。

十津川温泉というバス停から西北の山際を入ると、すぐのところに、卵形をした石塔墓が数基、ひっそりと建っていた。卵塔墓には「歴代住職之墓」と刻まれている。廃仏毀釈以前に五十一ヵ寺あった寺の住職の墓である。

幕末、神葬祭運動を展開した国学者、平田篤胤の国学の流れをくむ明治政府の神祇官僚によって、神式葬儀は明治以降実施されるようになった。

ところが一八八二年（明治15）、一転、明治政府は神官が葬儀に関与することを禁止する令を出した。やがて寺院は再建され、葬儀も神式から仏葬に戻るようになった。

しかし十津川村では、全村をあげて神葬祭ができなくなることに反対し、伊勢神社系ではなく出雲大社教会に請願し、同教会に帰属することを決議したという。そのことは岡さんの所蔵する『大社教雑誌』に詳しく記されている。

『〈出雲〉という思想〜近代日本の抹殺された神々』（原武史、公人社）には、この間の背景にある伊勢神宮vs.出雲大社の神学論争について述べられている。同書によると、出雲大社系は、今では想像もつかないが、明治天皇に匹敵する権威があったという。

ところが岡さんによると、現在の十津川村の神葬祭は、すべての集落が出雲大社系で行っているわけではないという。一八八四年（明治17）、すべての集落の全員一致で出雲大社系に帰属したものの、その後紆余曲折があったのだろう、現在は、集落によって出雲大社系もあれば、神社本庁系もある。新興の天理教なども神式葬儀を行う。

ただし十津川村にある玉置《たまき》神社は、かつての出雲大社教の拠点だった。今も出雲大社を祀っている。同神社は、熊野大社の奥の院といわれる由緒ある神社である。現在の十津川村の神葬祭を執行する神官も、玉置神社から多くを輩出している。岡神官も、一時期同神社に籍を置いたことがあるという。

いずれにしてもこうした神官たちによって、十津川村では仏葬ではなく神葬祭で、土葬という弔いの形が存続している。

花を折りに行く

実は二〇二〇年一月の初め、十津川村で土葬があった。神葬祭の神官を務めたのは岡さん。亡くなったのは今西という地区の百四歳の女性である。

この亡くなった女性は土葬を遺言していたわけではない。女性の夫が四十年前に若くして死亡し土葬されたことから、家族が「夫と同じ場所に埋葬してあげたい」と望んだのである。

岡さんは前年の秋、女性の子から「いつ母が死んでもおかしくない。母が息を引き取ったら葬式の導師をしてほしい」と頼まれていた。

「ただ遺族は、土葬・野辺送りのやり方については誰もよく知らなかった。周りで手伝いをする村の人も土葬の風習を忘れ去っていました」と岡さんは言う。

そのため、前述したようなきめの細かい十津川村独特の野辺送りを組むことはできなかった。故人の俗名を記した銘旗は確保できたが、五色の旗は用意できなかった。

この地区の大きな特色の一つである、故人が女性の場合に棺の前を歩くなぎなた持ちも役をそろえることができなかった。

神式の葬儀にまず必要な松明や篝、榊は岡神官の指示でなんとかそろえることができた。神葬祭を行ううえで重要な日おいの祠も用意できた。ただし、それらを墓地まで運ぶ葬列の人員は確保できなかった。やむを得ず、それらの葬具は車で墓地まで運んだ。

結局、野辺送りは、寝棺を家族が担ぐだけの簡素な葬列になってしまったという。墓地に着くと朽ちかけた夫の墓標が残っていた。それを目印に、墓穴が掘られた。女性は四十年前に死亡した夫の横に埋葬された。岡さんの手によって神式の埋葬祭が執行されたのである。

十津川村の土葬は、風前の灯火のように見える。

「小西さんのような土葬の上手な人もだんだんいなくなりました。野辺送りの風習を知らない人も増え、遠からず土葬はなくなるのかもしれません」と岡さんは言う。

十津川村を歩くと、そこかしこに奥津城らしい墓地が目に入る。車道からは見えない墓地や家屋敷の前にも埋葬墓地はあり、墓は無数に存在する。

岡さんによると、山中の奥津城に墓参りすることを、「花を折りに行く」という。昔の弔いの香りのする言葉が人々の記憶にとどまっている限り、土葬・野辺送りはそう簡単には消え去らないとも思えるが。

5　四十九日に墓をあばく村

お棺を割ると、髪の毛が伸びていた

「四十九日の法要の朝、親族はめいめい鍬《くわ》を持ち、埋葬された墓を掘り返していくんです。掘り進むうちに思わぬ白骨が出てきました。目当てのお棺の主より以前に埋葬された遺骨が二体、三体……。頭蓋骨をそっと取り出し、地面に並べたものです」

と、三重県伊賀市島ヶ原という村の天台宗寺院のＩ住職は語った。

土葬のなかでも最も凄絶と思われるのが、この地にあった「お棺割り」という風習である。葬式から四十九日後、墓をあばき埋葬された棺桶を掘り返し、棺のふたを割り、再び土を戻した。昭和五十年代の初めころまで続いた風習という。

この不思議な習俗の風聞に初めて接したのは、十年ほど前のことだった。三重県の山間部が出身というある女性から伝え聞いた私は、聞き取り調査に着手した。しばらくして女性は亡くなった。水先案内人を失い、お棺割りについて役場に問い合わせをしたが、「そんな風習はない」とにべもない返答だった。そしてその後、伊賀市島ヶ原で、ようやく探し当てたというわけである。

島ヶ原の住職の証言を続けると、お棺割りは亡くなった人の遺族・親族が行った。二メートルも掘ると、白い寝棺の棺桶が墓穴の中に姿を現す。棺は故人を納めた後、棺ぶたをくぎ打ちしている。当然、ふたは開かない。そこで親族たちは鉈でふたを叩き割る。そのときのカンカンカンカンという乾いた音は、お堂にいた住職の耳に今も残っている。

ふたが割れると、棺の中から、まだ白骨化しきっていないホトケの顔が覗く。ひげや髪の毛が伸びていることもあったという。

死に顔を拝んだら、遺族たちは棺の中に土を入れ始める。棺の中のすき間が土で埋まると、さらに墓穴全体に土を入れ、地上まで埋まると、土を固く踏みしめた。

その後、よけてあった石塔をその上に置く。もちろんお棺割りの作業中に出てきた別の頭蓋骨も粗末に扱えない。「これはばあさんのや」と頭を撫でながら、丁重な手つきで横に並べ、手を合わせたという。

いったいなぜ、このような奇妙な風習が存在したのか。

島ヶ原は、土地が狭いため両墓制をとることができず、単墓制だった。つまり埋め墓と参り墓を別々に設けることは許されず、埋葬した埋め墓の上に石塔の参り墓を建てねばならなかった。

島ヶ原の中でも、とりわけこのあたりの地域の土質は柔らかだった。埋葬後数年も経つと、石塔墓は目に見えて傾いた。

なぜなら石塔墓の下の土がへこむからだ。まず埋葬した棺が朽ち、棺の中の遺体も朽ち、棺の中の空洞が押しつぶされ、その結果、埋め墓全体が陥没するのである。

つまり島ヶ原の土地が狭く、両墓制でなかったため、埋め墓の陥没は、先祖代々の石塔墓の倒壊につながる重大問題だったのである。

死蠟屍体も出た

伊賀市の島ヶ原は、京都府と奈良県との県境にあり、木津川に沿って東西に走るJ

R関西本線上に位置している。お棺割りの風習があった天台宗寺院の地区は、その関西本線島ケ原駅の北方山間部にある。

地質学的には木津川断層帯と呼ばれるエリアで、土質が柔らかく、山崩れなどの災害が起こりやすい。一九五三年（昭和28）には、大水害と山津波が発生し、天台宗寺院も含めたあたり一帯が水没するという大災害に遭った。住職によると、「地面のすぐ下の地層は砂地で、その下の層は砂利層、その下は粘土層のために、土地が陥没しやすい」という。

土質の柔らかさに加え、土地が狭いわりに村の人口が比較的多いことも、この地の特徴だった。民営化される前の国鉄時代、島ケ原駅の近辺には、日本一の鉄道村といわれるほど国鉄職員が集住していた。村からも、親子三代の国鉄職員が出るほど栄えたという。

今でも、この天台宗寺院だけで檀家数四百軒を数える。そうした村の人口と狭い土地事情が、単墓制を強いられた大きな理由という。

お棺割りの証言を続けよう。お棺割りのために土を掘り返すと、遺族たちは「ゴウランが出たな」と言いあったという。ゴウランとは土地の言葉で、白骨化した頭蓋骨のことを指すが、お棺割りは埋葬後四十九日しか経っておらず、まだ完全に白骨化していないことも多かった。その場合、ゴウランは目をそむけたくなるような状態だったという。また、棺の中の遺体は白骨化しないで、死蠟《しろう》化していることもあった。死蠟とは、何かの理由で土中での腐敗を逃れ、体全体が蠟状もしくはチーズ状になったもののことである。遺体の専門家、エンバーマーに聞いてみたところ「干からびたミイラは高温低湿の環境でできるのに対して、死蠟は高温高湿の環境で形成されやすい。白骨化が不完全な死蠟は、正視しづらい凄惨さを生む可能性もあります」という。

島ヶ原のような砂地、砂利層、その下は粘土層という土質の場合、水はけが悪く、高温高湿の状態になりやすい。死蠟化して見つかったとしても納得できる話である。島ヶ原のお棺割りの風習は、一九七五年（昭和50）ころ、土葬がなくなるのと同じ時期になくなった。というよりお棺割りの凄惨さが、土葬消滅の引き金を引いたというべきだろう。

かつて日本一の鉄道村だった時代、島ヶ原から多くの人が国鉄職員として三重県の他地域に勤務した。そして、他所の葬儀事情を知った人の間で「お棺割りはかなわん」という不満の声が噴出した。その結果、お棺割りは消滅していったのである。

棺を封じる天台の野辺送り儀礼

お棺割りの風習が残っていた島ヶ原。その天台宗寺院が執り行っていた土葬・野辺送りの儀礼について述べよう。

「天台宗の土葬の儀礼の特色は、寺本堂の外で、ホトケを棺に封じ納める、庭儀式《ていぎしき》という儀礼を行ったことです」と、I住職は言う。

少し説明を加えると、土葬・野辺送りにおける天台儀礼は、家で行う内葬礼、寺で行う庭儀式、埋葬地で行う墓供養の三つがあった。

島ヶ原で村人が亡くなると、遺族は自宅で湯かん・納棺を行い、住職が家にやってきて引導を渡した。これを内引導という。それが済むと、棺は家を出て葬列を組み寺に向かった。寺では棺は本堂の外に置かれ、そこで庭儀式が行われた。

そのやり方だが、棺のふたを開け、亡者の死を改めて確認した。棺の中に二人以上納棺されていないかどうかも確認したという。死の確認後、ここで棺のふたに釘を打った。こうしたことをしたうえで、ホトケを確かに棺の中に封じたということを念じる呪文が唱えられた。

これは棺のふたを閉ざし新たに棺を起こすという意味で、鎖龕《さがん》・起龕《きがん》の作法と呼ばれる。龕は棺のことである。これを本堂の外の庭で行ったことから庭儀式と呼ばれる。

「寒い時分で遺族は本堂に入っても、お棺だけは雨が降ろうと雪が降ろうと外に置かれ、儀式は庭で行われました。ホトケさん、えらいこっちゃなあと思いながらも、これぱかりはやり方を変えませんでした」と住職は笑った。

天台宗独特の庭儀式が終わると、再び野辺送りが組まれ、葬列は埋葬地へ向かった。

野辺送りの役付けは、ここまでに紹介した土葬の村のそれと、さほど大きな違いはない。ただ目を惹いたのは、近親女性の務める飯持ち役である。飯を置く台は、手で持てるほどの大きさの四角い板で、端から端に竹ひごを二本丸く渡してある。竹ひごの上には和紙を貼った。

この木の台の和紙の中に、ご飯と米粉の団子を四つ入れた。和紙には餓鬼に食を供する天台の語句が書かれている。そこからわかるように、飯持ち役の飯は、亡くなった人の食事ではなく、周りを浮遊する死霊、餓鬼に施す施餓鬼供養なのである。島ヶ原の野辺送りでも、近親女性が棺から延びた白い布を引っ張る「善の綱」を行った。ただ、彼女らが棺を引っ張り三回まわったのは、墓場ではなく、寺院のお堂の前の境内だったという。全国共通の風習に見えても、宗派や地域によって少しずつ弔いのやり方は違うものだ。

埋葬地に着くと、死者のための墓供養が行われた後、埋葬された。お棺割りを行う島ヶ原の場合、墓掘り人の手であらかじめ石塔は横によけられ、穴が掘ってあった。棺を穴に入れ土を戻し、地面が平らになるように土を固めた。これでもかというくらい強く踏みしめたという。その固めた地面の上に、柴三枚と名づけられた木の板を置いた。この板が、四十九日の早朝、お棺割りを実行するときの、穴を掘り返す目印になる。

「お棺割りのたびに石塔は移動させられるので、石塔の角は傷だらけでぼろぼろでした」と住職は述懐する。そうまでしてお棺割りを行い、先祖代々の墓を守ったのである。

有数の土葬地帯

島ヶ原の野辺送りのもう一つの特色は、葬列にシキミの花立てでなく、紙細工でできた大輪の花輪を持ち歩いたことである。

花輪は中部地方の弔いでよく使われる。三重県は近畿地方だが、近畿二府五県のなかでも中部地方の文化が色濃い。島ヶ原にも同様の影響がにじみ出ていると思われる。

ところが島ヶ原の位置を地図で確かめてみると、興味深い事実が浮かび上がった。JR関西本線の島ケ原駅のすぐ西隣に、奈良市と接する月ケ瀬口駅が、さらに西隣に京都府南山城村の大河原駅があった。

前述のとおり、南山城村には土葬が残っている。月ヶ瀬も実はごく最近まで、地区によっては八、九割、土葬で弔われていた。

六年前、月ヶ瀬公民館のU館長の案内で、土葬墓地を訪ねたことがあった。埋め墓の周りには先が鋭く尖った青竹がぐさぐさと突き刺してあった。U館長によると、野犬が墓をあばき死体を食うことを避けるために設けられたもので、犬はじきとも狼はじきとも呼ばれている。この埋葬地を青竹の囲いで封鎖した墓地も、やはり古代天皇

奈良市月ヶ瀬の犬はじき。土葬墓地を鋭利な竹が囲む

の殯葬のタイプの一つと考えられている。月ヶ瀬の犬はじきの青竹はまだ真新しく、その時点で土葬が続いていることは明らかだった。

さらに興味深いことがわかった。土葬の残っている奈良市柳生の里を基点に半径約十キロの円を描くと、円内に、北東には南山城村、月ヶ瀬、島ヶ原が並び、南西には奈良市田原地区が、南には大保町、さらに南東に奈良県山辺郡山添村がある。山添村も最近まで土葬が残っていた所だ。

こうしてみると、この円内は、土葬の村が集中する、有数の土葬文化圏だったことがわかる。土葬文化圏にありながら、島ヶ原だけが比較的早く土葬がなくなったのは、先述のとおりお棺割り風習の凄絶さゆえといっても過言ではない。

大学紛争で自死した青年

今をさかのぼること約五十年前の一九七二年（昭和47）十一月九日、大阪市立大学の博士課程の大学院生が服毒死した。二日後、彼の故郷である兵庫県丹波篠山の墓地に埋葬された。青年の名を仮にCとしておこう。

Cは死の一年前、大学闘争の活動家とみなされ、工学部の学位論文の審査で不合格となった。およそ二ヵ月後、大学の正門前に掘っ立て小屋を作ってそこに立てこもり、抗議活動をはじめた。全共闘の学生らが占拠した東大安田講堂が、機動隊の突入により陥落したのが、その三年前の一九六九年。Cが立てこもりを始めた直後には、世間を震撼させた浅間山荘事件が起こっていた。学園紛争の嵐はまだ吹き荒れていた。

「Cは左翼活動家でもなんでもなく、理系の真面目な研究者タイプの人でした」と当時、彼の身近にいた友人男性は言う。

Ｃの活動記録は「Ｃ生通信」という遺稿集として残っている。そのなかには、教授会との交渉や立てこもりの模様など、日々の出来事がつぶさに記されていた。

それによると、工学部の教授会で不合格の烙印を押された直接の原因は、論文の研究内容ではなく、学位論文の最後に付記として書かれた謝辞のなかにあった。Ｃはそこで、科学・技術の悪用が原水爆や公害などの環境破壊をおこし、人間疎外を生み出したと書いている。

今から思えば、自然科学系の研究者が公害や環境汚染の問題を視野に入れるのは、ごく普通の真摯な研究態度と思えるが、当時はそうではなかった。

Ｃの正門座り込みは半年に及んだ。その間教授会と交渉を繰り返した結果、Ｃの論文は審査結果が覆され、合格と判定された。当時の大阪市大の学長は、「この間、学生の意見を聴きえなかったこと、工学部の教授会の偏向を明らかにできなかったことを反省する」という声明を出した。Ｃは学位を勝ち取ったのだ。

その五ヵ月後、彼は服毒死する。

「私たち友人は、Ｃの権利が回復されたと単純に喜んでしまった。でも学位は、Ｃが憎んだ学会の権威から与えられたものです。その矛盾に悩むＣの気持ちを周りのだれも気がつかなかった」と友人の一人は唇を噛んだ。

Cに何があったのか、真相は不明であるが、「C生通信」には次のように書き残されている。

「僕は、自らを袋小路へ追いつめていることはわかる。僕には、だれにも言わぬ途がある、いつでもNaCN（青酸ソーダ）を飲みこの世間と絶縁できることである」と。Cはその手段を実行した。

父と子

服毒死した日の晩、訃報を聞いた数人の友人がCの下宿に駆けつけた。「遺体の検案が終わった後だったのでしょうか。Cは布団をかぶって静かに寝ていました」と友人の一人は言う。枕もとには線香もまだなかった。もう一人の友人は「その晩、彼の通夜をして過ごした」と語る。

翌日、遺体はCの実家のある丹波篠山の村に運ばれ、翌々日、土葬に先立って自宅で葬儀が行われた。Cの友人たちもCを死に追いやった教授たちも参列した。教授は「自らの不明を心からお詫びする」と追悼の辞を述べたという。

二十八歳で不慮の帰還をした息子を、両親はどのように受け止めたのだろうか。直接の証言は残っていないが、手がかりは「C生通信」に書かれた「オヤジの手紙」にあった。

Cの父は、大学闘争をする息子に「過激なことをするな」と猛反対していた。そこまでは一般の親子の葛藤と変わらないが、後に父から送られてきた手紙にはこう書かれている。

「天候不順　ご自愛あれ。全面的に支援する……（教授会の）自己弁護は見えすいている。安心あれ、今一息、ガンバレ……二万円送金する。追伸くれぐれも健康に」

父は土壇場で息子の行動を信じたことが伝わってくる。

Cの父は教員だった。代用教員から出発し、Cの幼少時、教え子の中から貧しい家庭の子や孤児を自宅に預かり、学校に通わせていたという。そんな父の背中を覚えているCは「（僕は）父の生き方を継承しているのだ」と書いている。

Cの母もまた元教員だった。Cは「何か事がおこると父と母が同じ趣旨の手紙を別々に同時におくってくるのがならわし」だったという。この作戦にはいつも閉口したと彼は書いている。

歌人でもあった母は、息子を詠んだ歌をいくつも残している。

ふびんよと思うはかたえの心にて死したるものの眉はゆるがず

故郷、丹波篠山の弔いの場は、葛藤を乗り越え信頼を寄せあう親子の再会の場でもあったろうか。

埋め墓

自宅を出棺したCに、土葬される墓地まで野辺送りの葬列が組まれた。野辺送りにも参列した友人の一人、中山一郎さんは、葬列の様子は「断片的にしか覚えていない」と言う。ただCを納めた棺は寝棺だったこと、遺族は昔の野辺送りによくあるような白ずくめの衣装を着ることはなく、黒喪服姿だったとだけ覚えている。

自宅から数百メートルほど歩くと、埋葬墓地に出た。多くの野辺送りの儀礼がそうであるように、墓地の入り口で、故人を送る引導作法が行われた。目の前に墓穴があった。中山さんは引導作法はうっすらとしか覚えていないが、この墓地の光景だけは五十年近く経った今でも鮮明に覚えているという。

「その埋葬地はテニスコート三面分ほどの芝生のような場所で、石塔どころか卒塔婆さえ一本も立っていなかった。エッこれが墓かといぶかるほど非常に不思議な光景でした」と証言する。

もう少し目を凝らしてみると、平らな草地のところどころにへこんだ場所と盛り上がった場所があった。へこんだ場所は埋葬後何年か経ち、棺と遺体が朽ち、埋め墓が陥没したところ、一方土が盛り上がった場所は最近土葬されたところと思われる。それはこの草地が、遺体を埋めるためだけに使われる埋め墓だということを意味している。

穴掘りの立ち会い

中山さんの証言によると、平らな草地の奥のほうに、寝棺を埋葬する横長の穴が掘られてあった。穴の周りには墓掘り役らしい村の男性四人が立っていた。

さらに驚いたのは、遺族や会葬者全員が埋葬を見ることなく、その場から立ち去ったことだった。

私が調べた限りでも、遺族が埋葬に立ち会うかどうかは地域によってまちまちである。

京都府南山城村では丹波篠山と同様、遺族は埋葬に立ち会わなかったし、奈良市の大保町や柳生の里は身内が一人だけ残り、他の遺族は埋葬を見ないで立ち去った。滋賀県犬上郡甲良町金屋という村の土葬では、会葬者は退散したが、遺族・近親者は全員残った。聞き取りした地元老人の証言によると、以下のようになる。

座棺を穴の中に降ろすと、穴掘り役の長が「土を入れてください」と遺族に声をかける。その声を合図に、遺族は土をひとかけらずつ入れる。頃合いを見て、穴掘り役は「もうよいか」と声をかける。遺族はまだ手を合わせて名残を惜しんでいるが、穴掘り役はそれに構わずガタガタと土を落としたという。

柳田国男『葬送習俗語彙』の「鍬初め」の項には「土佐幡多郡十川村で埋葬の時に、鍬初めといって、（棺を縛っていた）縄を切って最初に四隅を埋めるのは相続人（喪主）の役である」とある。

「土産石」の項には、「肥前五島で埋葬の時に、棺を穴に入れてから一般会葬者が、棺桶に向って小石一つずつ投げつける。之を土産石という」とあり、遺族のみならず会葬者までも埋葬に立ち会ったことがわかる。
このように土葬の立ち会いは全国各地を見ても、さまざまである。

ふるさとの土に還る

一九七〇年代の大学紛争の時代に死を選んだCは、故郷丹波篠山の平らな埋め墓に葬られた。村の弔いの風習に従って、遺族や会葬者全員は立ち去ったが、中山さんら三人の友人は残った。「C君を最後まで見届けたい」という切羽詰まった気持ちからだった。三人ともみな土葬は生まれてはじめての体験だったという。七〇年代、日本の火葬率はすでに八〇%に達していた。

土葬の穴は約二メートルの深さがあった。四人の墓掘り人は、横長の寝棺の底に縄を渡し、縄を両方から引っ張りながら静かに穴の中に降ろした。棺が穴の底に達すると、縄を抜いた。手慣れた墓掘り人の手並みは、土木作業でも行うかのような淡々としたものだったという。

その後、大量の土がかけられた。土は土中の底にあった水たまりに撥ね、パシャパシャと音を立てた。その音が、五十年経った今でも中山さんの記憶から拭っても拭い

丹波篠山の埋め墓。墓標一つない

きれないという。

　二〇二〇年十一月、私はこの埋め墓を訪ねた。ＪＲ福知山線の篠山口駅から車で北東へ約十五分の山沿い、丹波篠山市東浜谷という地区にあった。土葬は十年以上前から行われなくなっていたが、墓標一つない草地であるのは、昔のままだった。村人に大切に保存管理されているのだろう。荒れ果てることもなく、時間が止まっているかのようだ。近くの寺の老女は、Ｃが五十年前、ここに埋葬されたことをよく覚えていた。

6　市民による新しい土葬の試み

土葬の会の発足

日本では、土葬は法律で禁止されていると思い込んでいる人が意外に多い。しかし、東京、大阪など自治体の条例によって土葬禁止区域が指定されている場合もあるが、国の定める墓地埋葬法で、土葬が禁じられているわけではない。

火葬が義務づけられているのは、旧伝染病予防法によるものか、または現在の法律で定められた感染症で亡くなった死亡者だけである。

ただし、ここ半世紀ほどの間に、全国的に火葬場が整備され火葬が広まった。特に平成以降の増え方は著しく、統計データによると現在日本の火葬率は九九・九％以上で世界一位である。

私の聞き取り調査の実感でも、火葬率が急増するにつれ、土葬は消滅しつつある。

そうした状況の中、二〇〇一年、市民グループによって、葬送の選択肢の一つとして土葬を推し進める「土葬の会」が発足した。山梨県南巨摩郡富士川町に本部を持ち、主宰する会長は山野井英俊さんという。

なぜ日本で土葬ができないと思われているのかを尋ねると、山野井会長はこう答えた。

「公営の霊園を別にして、私営の民間霊園は寺院や墓地管理会社が土葬できますといえば、土葬はできます。これまでできないと思われていたのは法律で禁止されているからではなくて、『当霊園は遺骨を納めるための霊園なので土葬は受け入れていません』という霊園管理側の作った使用規則によるものなのです」

土葬墓地を分譲する霊園の誕生

市民グループ土葬の会の誕生のきっかけは、発足の十年ほど前、一九九〇年代にさかのぼる。

「九〇年代の初めころ、岡山県で出版関係の仕事をしていた友人が突然亡くなりました。友人には生前から死んだら土葬されたいと聞かされていたので、同県で土葬できる場所はないかと葬儀社に問い合わせたところ、土葬できる場所はどこにもありませんという返事でした。そのときに、いつでも土葬できる安全な場所を確保しておく必要があるなと痛切に思った。それがきっかけでした」と山野井会長は言う。

安全な土葬墓地を探しているうちに、偶然、山梨県の最北端の市、北杜市に土葬できそうな霊園を見つけた。霊園の管理会社と交渉した結果、土葬できる場所を確保できることになった。風の丘霊園という。

同霊園に、樹木葬ができる自由区画があり、その隣に土葬のできる区画を確保することに成功したのだ。

そして風の丘霊園で土葬の実績を積んだ二〇〇一年、土葬が今でもできることを広く発信したいという思いから土葬の会は発足した。現在までに同霊園での土葬の実施例は約十件を数えるという。

五年前、風の丘霊園の土葬区画が満杯になった。そのころ、山野井さんは、北杜市の南方にある山梨県南アルプス市の禅寺の住職と偶然知り合った。曹洞宗の大城寺、市川大了さん（三十八歳）という。

大城寺境内に土葬のできる場所は見つからなかったが、市川さんが住職を兼務するもう一つの寺の墓地なら、土葬墓地を確保できることがわかった。同じ南アルプス市

山梨県南アルプス市にある土葬分譲区画、天空霊園。眼下に甲府盆地を望む

の築山《つくやま》というところにある寺院墓地で「普済寺天空霊園」という。霊園は山間部の山際の傾斜地に立ち、背後には富士山に次ぐ日本第二の高峰、北岳がそびえる。

市川住職の案内で、天空霊園を訪ねた。入り口に約三十センチ四方、コンクリートの平板造りの小さな納骨堂が並んでいる。身寄りのない人や孤独死をした人のために低価格で納骨できるようにしている。納骨堂の上のほうの傾斜地に、土葬のできる埋葬区画があった。

「この普済寺で霊園事業を始めたとき、行政の福祉課から生活保護受給者が亡くなった場合の納骨堂を造ってほしいと要請され、一般墓地とは別に自由墓地区画を作り、天空霊園と名づけました。その後土葬の会と知り合い、土葬区画を設けました。土葬も様々な葬送の仕方の新しいタイプの一つとしてあっていいんじゃないかと考えたのです」と市川住職は言う。

天空霊園のてっぺんまで上がると、そこには一×二メートルの区画の土が盛り上がり、花が供えられていた。まだ土葬して間もないことがわかる。

天空霊園の土葬区画は、土葬の会と提携して、土葬墓地の分譲がすでに始まっていた。分譲価格は一×二メートルの個人区画の永代使用料が二十万円、二×二メートルの一般区画のそれは三十万円。一般区画は少なくとも二人以上の家族を埋葬できるという。

土葬区画の頂上から下を見下ろすと、眼下に甲府盆地の全貌を見渡すことができる。その後ろの山並みには富士山が突出して浮かび上がっていた。

エンバーミング後土葬

天空霊園が土葬区画の分譲を開始したのは、二〇一九年七月。三ヵ月後の十月十二日、分譲後第一号となる土葬が行われた。埋葬された故人は、東京在住の八十歳過ぎの男性。男性は土葬を希望する遺言を残していたわけではないが、「父を土に還してあげたい」という娘が土葬の会の存在を知り、同会の会員となって、天空霊園で埋葬されることになったという。

土葬したのは男性が亡くなって一ヵ月後だった。土葬の会に出会うまで埋葬する場所がなかなか見つからず、土葬墓地探しに苦労したのである。その間、遺体を保存しておかなければならない。そこで東京の葬儀社でエンバーミング処置をして、土葬する日に備えた。

エンバーミングは二十一世紀初頭以後、日本でも急速に普及した遺体保存技術である。損壊の激しい遺体をきれいに修復するだけでなく、遺体からの二次感染を防止し、長期保存も可能にする。葬儀社ではこの技術を持つ専門職、エンバーマーも増えてきている。どれくらい長期保存ができるのか、葬儀社で働くエンバーマーに聞くと、「死後一ヵ月程度なら、遺体の水分を保つメンテナンスを欠かさなければ、きれいに保存できる」と言う。

土葬のための穴掘り作業は、山野井会長はじめ土葬の会のスタッフが前日に行っ

天空霊園分譲第一号となった男性の埋葬

た。

「土葬の会のこれまでの経験から、平均二時間あれば穴掘りできるとわかっていました。でも新しい霊園でのはじめての土葬ですし、掘れば何が出てくるかわからない。それで前日から準備したんです」と山野井さんは言う。

穴掘り作業は、これまで見た土葬の村のそれとはかなり異なる。天空霊園の土質は固い岩盤などなさそうだったが、ユンボという小型のパワーショベルを使った。土葬区画は急勾配の山の斜面にあったので、ユンボで坂道を乗り上げ、アームのショベルで土を掘り起こした。墓穴の深さはおよそ二メートルあった。

翌日の土葬当日、故人の妻と娘の二人がエンバーミング処置された棺とともにやってきた。

待ち受けた土葬の会のスタッフは四名、市川住職と取引先の石材業者も顔をそろえた。石材業者にとっても土葬に立ち会うのは初めての経験という。

遺体搬送車から降ろした棺はストレッチャーに載せて、土葬区画の穴まで運ばれた。

棺を置き、穴のそばに花が手向けられた。市川住職の読経が始まった。読経が続くなか、ユンボから伸びたアームに棺が吊り上げられ、穴の中に沈んだ。

「ふつうは棺を縛った縄を引き綱にして、ゆっくりと土中に降ろすのですが、傾斜地で手作業は危険と思い、重機を使ったのです」と山野井さんは言う。

その後、掘り出した土を穴に戻した。さらに土を固めるために踏みしめた。最後に墓地を土饅頭の形に盛り上げた。

土葬での心配事の一つは、土中の故人が棺ごと朽ち墓穴が陥没することだ。「なので最低三年は、次に亡くなった人を重ねて埋葬することはしません」と山野井会長は言う。

土葬から三年以上が経てば、土中の遺体や棺は完全に朽ちてしまい、それ以上陥没することはないからである。

土葬を望む声

土葬の会の会員は、どんな理由で土葬してほしいと望んでいるのだろうか。

「人間は死ぬとみな土に還るという、ごくまっとうな自然観を持っている方が多いです。人生について深く思い悩んでいる人や病弱な人が、自分が人生を全うするのはいつだろうなどと考え、望まれることが多い」と山野井さんは言う。

「お金を稼いで順風満帆に生きている人、元気な人はあまりいません。そういう人はたぶん自分はまだ死なないと思っている」と笑った。

天空霊園の土葬第一号になった東京の男性の場合、本人は遺志を示さなかったが、娘が、父が火葬されてしまう前に立ち止まって考え、土葬を選んだ。

土葬の二例目は二十代の女性だった。彼女は生前に土葬の会に申し込んでいた。入会して間もないうちに、山野井会長のもとへ突然の訃報が届いた。両親から「娘の遺志をかなえてあげたい」と連絡があり、遺体は天空霊園に土葬されたという。

現在、土葬の会の会員は全国に約六十名いるが、実際に同霊園で土葬されたのはまだ二例のみである。意外なことに、二例目になった二十代の女性や、大学で心理学を勉強したという男性など、若い人が多いのも土葬の会の特徴である。

土葬の会が発行する「土葬の道しるべ」という冊子には、さまざまな声が掲載されている。

「土葬してほしいと思っていても、自分の死後、家族によって一般的な火葬にされてしまうかもしれない不安があります」という声が多い。

「火葬と土葬のどちらを選ぶかは個人の価値観です。しかしそうであればこそ、前者（火葬）の選択肢しか取れない現状は望ましくないと考えています」という声も寄せられている。

これらの声に対して山野井会長は、「亡くなってから周囲の人が慌てふためくことのないように、あらかじめ家族に自分の意志を話しておくなど準備しておくように伝えています」と言う。

遺体を冷凍保存、ミイラにしたい

「自分の親が亡くなり、火葬してお骨になってから初めて、どうしてやったらよかったんだろうと寺に相談に来られることがよくあります」と天空霊園の市川住職は言う。

横浜市に住む土葬の会の会員から、亡くなった父を土葬したいという相談があった。山梨県の天空霊園では遠いとのことで、市川さんは同門のよしみで東京都西多摩郡の曹洞宗寺院を紹介したことがあった。その寺は檀家になるという条件でなら、土葬できるとのことだった。

ただ土葬の会の会員は、現在のところ、寺院による死後供養を望んでいない人が多くを占めている。その点が旧来の土葬の村とは大きく異なる。それよりも土葬の会に問い合わせをしてくる人のなかには、遺体を冷凍保存したりミイラにしたものを埋葬できないかなどと、昔の風習からすればかなり突拍子もない相談をする人もいるという。

「つまり会員は宗教宗派を問わないで、どんな方法であれ、土に戻してほしいということを一番に望んでいるのです」と山野井さんは言う。

土葬の会は「全国どこからでも、いつでも、人種、宗旨を問わず、檀家にならずとも土葬を希望される方のために、墓所と提携し土葬全般を取り扱」うと趣旨を掲げている。

土葬と死後供養

そのような事情から、天空霊園の土葬第一号の男性の場合も、死後の供養については特に何も考えていなかった。ところが、市川住職が天空霊園を訪ねると、埋葬地にはいつも真新しい花が供えてあった。

東京の娘さんがたびたび来られるのだろうと思っていたある日、娘さんから父の四十九日をしてもらえませんかと連絡が入った。市川さんは要望に応え、亡くなった人の忌明けの法要を行った。それればかりか死後百箇日の法要も依頼され、行った。

「このご時世、百箇日まで熱心にやる方はあまりいません。失礼ながら地元の檀家さんでも珍しいことなので、大変びっくりしました」と住職は言う。

娘さんから事情を聞いてわかったことは、亡くなった父の実家は新潟で、しかも親戚筋に同県の真宗寺院があるとのことだった。娘さんは当初、父をその寺の墓地に埋葬したいと考えたようである。しかしそこでは土葬できないということがわかり、土葬の会に相談し天空霊園を紹介されたという。

百箇日法要の日、娘さんは位牌を胸にしていた。そして「新潟の寺から法名（真宗の戒名）をいただいたので、せっかくだから位牌を作りました」と言った。市川住職はそれにもまたびっくりした。

「私は坊さんですけど、親を弔いたいというとき、必ずしも仏教的に法要をやらなきゃいけないという決まりはないんです。でもこのように申し出られて、仏教的な弔いをさせてもらえることはうれしいですね」と市川さんは言った。

四十九日、百箇日ばかりか、二〇二〇年八月、亡くなった男性の初盆も行われた。天空霊園の入り口に故人の法名の入った塔婆が立てられ、その前で住職は読経した。

それまで土葬の会では、死後供養は会員各自の自由意志に任せていたが、最近、埋葬地に墓石を建てることも計画しているという。天空霊園の埋葬地の奥のほうに、高さ七十センチほどの、西洋墓地にあるような平らな板状の墓石を置くという。

神道霊園の土葬

ある神主の遺族から、土葬による神葬祭の依頼が土葬の会にあった。山梨県にある神道霊園に亡くなった神主を埋葬したいという。

事情を聞くと、神道霊園では、神道に則った埋葬祭ができなくなっているという。

それが実現できるのは、代々自前の土葬霊園を持つほんの一部の神社だけである。あとは天皇家の墓地ぐらいで、他のすべての神道の専用霊園は、火葬を前提にしている。

奈良県十津川村の土葬・神葬祭で見たように、神道は仏教よりも土葬になじみが深い。多くの神官は山中他界の埋葬地、奥津城に埋葬されたいと望んでいる。

しかし現実には、神官も他の日本人と同様、大半が火葬されている。依頼のあった神道霊園も土葬のできる霊園であるにもかかわらず、霊園管理者にその認識が薄く、それまで埋葬例はなかったようである。

山野井会長は、亡くなった神官の遺族の申し出を了解した。土葬の会と神道霊園の提携が初めて成立した。

神道霊園の埋葬祭当日、事前準備のため早めに到着し、墓地までの掘削重機の搬入路を確保できるどうか、穴を掘る墓地の土質の状態はどうかを確認した。掘削重機を搬入するルートがなく階段になっていたことから、重機を吊り上げ、石垣の上にあった墓地へと運んだ。

墓穴が掘られ、遺族や親族が大勢集まるなかで、故人の頭が北向きになるようにし

土葬の会が手掛けた神式埋葬祭

て、棺は穴の中に降ろされた。墓穴の前には神式の祭壇が設置された。墓域全体が榊と注連縄と幣で囲われた。雅楽が奏でられ、厳かな雰囲気のなかで神葬祭は執行された。

最後に墓穴に土を入れ、土饅頭の埋葬地の上に墓碑が建立された。

この土葬の模様を土葬の会のホームページに掲載すると、東京のある神社の権禰宜《ごんねぎ》が山野井さんを訪ねてきた。

「今、日本で神官は土葬の選択肢すらないのに、神式の儀礼に則った葬儀をやっていただいた。これはもうたいへんなことです」と非常に驚いた様子だったという。

石棺の埋葬

土葬の会はホームページを通じて、土葬が可能な墓地、霊園、寺院との提携を全国に求めている。昔からの土葬の村以外に新たな土葬地が見つかることで、今まであまり考えられてこなかったタイプの埋葬例も出てきている。

例えば、土葬の会発足当初、死んだら石棺に納棺されたいという要望があった。調べたところ、兵庫県に石棺を使って埋葬できる霊園が一ヵ所見つかった。ただしそこは永代使用料を含めて一千五百万円かかるとのことだった。

もう少し低価格でできる場所はないものかと、会員から強い要望があった。要望したのは医者と一般女性の二人だった。そこで、土葬の会が最初に提携した山梨県北杜市の風の丘霊園の土葬区画を掘り、土中に石棺を埋めた。費用はざっと五百万円かかったという。

二人の会員は存命しているが、亡くなったら墓を掘り返し、石棺のふたを開け、その中に亡骸を葬る予定という。石棺葬とは、古代王朝の墓制ならともかく土葬の村では考えられもしない埋葬法である。

「死んでもできるだけ遺体を保ちたい、そのためには石棺の中で眠りたいという憧れのような気持ちがあるのでしょう」と山野井会長は言う。

石棺まで望む人は稀だが、エンバーミングなど遺体保存技術の普及で、死亡後すぐに火葬しなくても済む猶予期間が得られるようになった。その間に、その人らしい埋葬法を考えられるわけである。

茨城県常総市の寺院霊園の担当者が、土葬の会を訪ねて来て、土葬区画の提携が成立したこともあった。霊園側は墓地を整備し、その結果、信仰上の理由で例外なく土葬されるイスラム教徒用の土葬墓地と、それ以外の人用の土葬墓地とが区画された。

この一般区画の土葬墓地へは、二年前山口県で亡くなったある遺体を車で搬送し、埋葬した例がある。

これ以外にも、北海道で二ヵ所、土葬のできる霊園墓地と提携している。土葬の会の会員の多くは東京、神奈川に在住しているが、関西の会員も増えつつあるという。西日本の会員の要望で、現在、近畿地方を中心に新たに土葬のできる場所探しも進んでいる。

イスラム教徒と土葬

日本のように火葬がほぼ百パーセント普及してしまった国で起こる問題の一つに、信仰上火葬を嫌い、土葬を望む人たちの声になかなか応えられないことが挙げられる。神社の神官、火葬率がまだ高くないヨーロッパキリスト教国の人々、とりわけ日本在住のイスラム教徒の埋葬墓地探しは困難を極める。

土葬の会にもイスラム教徒が相談に訪れたことがあった。「最近ではイスラム教徒の専用墓地が全国にいくつかできてきている」と返答すると、「それでもまったく足らなくて困っている」という。

事情を詳しく聞くと、イスラム教徒は一区画の埋葬地に一人しか埋葬できないとのこと。言い換えると、だれか一人を埋葬した場所の上に、別のもう一人を重ねて埋葬することができないというのである。

日本では、一定期間が過ぎると埋葬地を掘り返し、その上に新しい死者を埋葬するという方法をとってきた。それによって土地が狭いことによる埋葬地不足の問題を解決してきたのである。

山野井会長によると、やはり土葬が盛んだったヨーロッパのキリスト教国では、土葬された一人目の棺の上に、分厚い板で間仕切りし、その上に新しい棺を重ねていく。「この方法なら埋葬地を循環的に利用でき、土葬墓地不足は永久に起こらない」という。

そのように山野井さんはイスラム教徒の相談に回答した。しかし相手は、納得いかない顔だったそうである。

撒き銭の風習

土葬の推進を実践する山野井会長の指針となったのは、およそ十年前に読んだ、「土葬を復活して新たな死生観築け」というタイトルの新聞記事である。記事の提言者は、宗教学者の山折哲雄氏だった。

記事では、高度成長期の頃から「葬送」の代わりに「告別」という言葉を使い、葬儀は死者を他の世界に送る儀式でなくなったということが書かれていた。

「今のお葬式は死ぬと火葬し、遺族の心の整理がつかないまま進んでいきます。土葬に立ち会ってみると、死から目をそらさず死者を送る絶好の機会になります。千年以上の昔から日本の弔いの主流だった土葬を再認識する意味でも、土葬地を確保することを国策として進めてほしい」と山野井さんは言う。

天空霊園の市川住職は、子どものころ野辺送りを経験したことが、土葬に協力する原点になったという。

市川さんの地元、南アルプス市の村では、昭和四十年代に土葬の風習はなくなっていた。しかし、自宅で葬儀を行い火葬場でお骨になっても、自宅または寺から出発して墓にお骨を運ぶ、野辺送りの葬列はまだ行われていた。一九九一年（平成3）ごろのことという。

その野辺送りの道中、子ども心に強烈に残っているのは、撒き銭の風習である。竹細工でできた花かごという野道具の中に小銭を入れたおひねりがいくつも入っていた。花かごを揺すると、おひねりが落ち、子どもらは我先に群がっておひねりを奪い合ったという。

「亡くなった人が寺の檀家総代をした人だったとき、お金持ちでおひねりに百円玉が入っていたんです。学校帰りに友だちを誘って撒き銭のおひねりを拾うと、導師をしていた私の父に『寺の子が意地汚いことをするな』と思いっきり頭を小突かれたもんです」と市川さんは笑う。

花かごの撒き銭の風習は、奈良県の高野山のふもとの村でも奇習として伝え聞いたことがある。柳田国男の『葬送習俗語彙』を見ると、土葬・野辺送りの風習には全国に共通するものが不思議にたくさん見出せる。花かごの風習が遠く離れた山梨と奈良の村に共通して残っていたのは、野辺送りの民俗習慣の各地への伝播を考えると興味深い。

「今後は埋めたらそれでおしまいという土葬ではなく、死後供養や弔いの風習につなげていければいいなと思っています」と市川住職は言う。

第二章　野焼き火葬の村の証言

1　野焼き名人

髪の毛が燃えあがった

昔のお葬式の方法で、土中に埋葬する土葬に対して、野において荼毘に付すことを野焼き火葬という。今のような設備の整った火葬場で重油や灯油、ガスを使って火葬するのと異なり、文字通り野天で、薪や炭を使って火葬する。

昔の野焼きは、土葬と同様、多くは縦長の座棺の棺桶を使った。座棺の中には死者が胡坐座り、または正座した格好で納棺される。

野焼きを行う執行人にも上手下手があったようだ。以下は、奈良県の山間部の村に住む野焼きに練達した名人の証言である。

「野焼きをするにはまず地面に炭を敷き、その上に生木の丸太を井桁に組み、さらにその上に座棺を載せました。炭に火を点じしばらくすると火が燃えあがります。最初に木製の座棺はかんなくずのように、あっという間に燃えました。中から胡坐座りをした遺体が姿を現します。遺体は水分を含んでいるせいでなかなか燃えません。真っ先に髪の毛が燃えました。その光景は今でもなかなか忘れられません」

息詰まる証言である。野焼きの名人によると、野焼き火葬の燃料に生木を使うのは、火の勢いを調整して、温度が一気に上がらないようにするためという。

髪の毛が燃え遺体に火が移った頃合いを見て、名人は遺体の上にたっぷりと水に浸したむしろをかぶせた。これによって生木と同様、火力を弱め、高温で骨がバラバラに砕けてしまうことが防げるという。つまり、濡れむしろをかぶせることによって、遺体を〝蒸し焼き〟にするのだ。それはきれいに白骨化した遺骨を取り出すために、長年の間に編み出された知恵だった。

濡れむしろが黒く炭化するころ、肉が焼けむき出しになった背骨に火が移った。火葬の作業をする名人ら四人の火葬役は、背骨が動かないように木の棒を使って遺体を支えた。しばらくすると背骨はバラバラになることなく、真下に崩れ落ちた。

「炭化したむしろをそっとはがすと、中からどれがどの部位の骨かわかるような状態で、きれいな白骨が出てきました」と言う。

しばしの間、私は声を発することを忘れた。

今も使われる村営火葬場

この野焼きシーンで、火葬役四人の中心となって働いた名人は、奈良県吉野郡黒滝村の中辻匡辰《なかつじまさよし》さん（八十歳）という。一九四〇年（昭和15）生まれ。黒滝村の弔いを五十年以上見続けてきた。

黒滝村は吉野山の南方にある。奈良県のほぼ中央に位置し「奈良県のへそ」とも呼ばれる。かつては吉野杉を中心に林業の盛んな村だったが、現在は過疎化が進んでいる。

その黒滝村の赤滝という地区に村営の火葬場がある。いや正確には赤滝地区営の火葬場が存在する。火葬場は一九七八年（昭和53）、村の篤志家の寄付によって建造されたもので、その火葬場は今も四十軒ほどある赤滝地区の住人のために使われている。

少し前まで、地区営の火葬場は全戸の住民が使った。葬儀に葬儀会館を使うことが増えた最近でも、半数が利用しているという。それもプロの火葬場職員を一切雇わないで、村人自身で火葬を執行している。

中辻さんの案内で、赤滝地区の火葬場を訪ねた。村を流れる黒滝川の上流に火葬場はあった。木造の建屋の正面に「等覚門」と掲げられている。等覚は仏教で悟りを開いた境地を指す。

火葬場の中に、重油ボイラー式の火葬炉が一基あった。炉の裏側にまわることができる扉がある。中に入ると、重油タンク、火葬炉の中を覗ける小さな窓、その横に点火ボタンがあった。

村人自身が執行する黒滝村赤滝地区の地区営火葬場。火葬炉は１基のみ

横幅十センチほどの小さな窓を覗くと、火葬炉の中が見えた。

中辻さんによると、ボイラーは重油を燃焼させるだけでなく、温度調整も行えるようになっている。

「都会の火葬場と基本的に同じしくみで、火力の強弱を調節できます。火力を強くすると焼却時間は短くて済みますが、強すぎると炉の中の骨が風圧で吹き飛んでしまう。覗き窓を見ながら、火葬の途中まで強で焼いて、遺体の水分が抜けてきたと思ったら、ボイラーを弱に切り替えるのです」

火葬時間は約二時間。火力をもっと強くすれば早く焼くことができるがそうはしない。昔の野焼き火葬と同様に、温度調整をすることによって「まったりと焼く」のである。それによって遺骨はきれいな白骨に焼きあがる。

遺体はふつうどこでも、頭のほうから火葬炉に入れる。火を噴射する火口のバーナーは奥のほうにあるので、ボイラーの火力が強すぎると、大切な頭蓋骨や喉ボトケが吹き飛ばされてしまう。それを避けるために、慎重な火力調整を行うわけである。

オンボさん

黒滝村赤滝地区の火葬場は、火葬に熟練した特定の村民だけが担当するわけではない。赤滝地区の住民による完全な持ち回り制である。

「家族のなかに男性がいなくても、火葬の持ち回り役は女性も例外なしに務めてもらいます」と中辻さんは言う。

持ち回りである以上、火葬の苦手な人もいる。不慣れな人に担当が回ってくると、点火ボタンに不具合が生じたり、ボイラーの調整がうまくいかないとき、対応できなかったりする。そんなときは、葬儀当日、担当でない中辻さんのところに急遽、相談が持ち込まれることもある。赤滝地区の地区長を二度も務めたことがある中辻さんは、「それで葬式区長と呼ばれましたな」と笑う。

完全持ち回り制の火葬役は、オンボさんとも呼ばれた。オンボとは隠坊と書き、墓穴掘りや野焼き火葬など、弔いの仕事を専業にした人を指す。時に賤民視され、時に聖と俗をつなぐかけがえのない宗教者の仕事として神聖視された歴史を持つ。そうした錯綜した思いも込めて、村民だれもが平等に回ってくる火葬役を、オンボさんと呼んだようだ。

水上勉の戯曲『釈迦内柩唄』には、死体の埋葬あるいは火葬に携わる隠坊の仕事について書かれている。

そのなかで主人公のふじ子は、「死んだ人の脂っこは厚ぐこびりついでいで、ほったらがしておげば、黒え牛皮張りつけだみでえになってるがら、二、三体焼いだらあど必ず竈の掃除しねばならねえ」と言っている。

中辻さんが火葬炉の掃除をしたときも、炉と棺桶を載せる台車のすき間に死体の脂がこびりついていたことがあったという。

「うちの火葬場の場合、火葬するたびに炉の掃除をするのですが、死体の脂がこびりついていることがありました。ただ脂は取り除かなくても、次の火葬のときに火力で溶けました」と中辻さん。

赤滝地区の火葬場の年間使用回数は、せいぜい一、二回という。水上勉の戯曲に出てくる火葬場にくらべ、使用頻度がかなり少なく、死体の脂はそんなに問題にならなかったのだろう。

赤滝地区の持ち回りのオンボさんは、蔑称でもあったことを考慮して、現在は式場係役と呼ばれている。

遺族が行う火葬後の掃除

黒滝村赤滝地区の火葬場の火葬役は地区の住民の持ち回り制だが、火葬の点火や使用後の火葬炉の掃除は、喪主・遺族の責任で行われる。

村のだれかが亡くなると、喪主を務める者は火葬場へ行き、重油タンクを確認する。重油が必要な量に足りないとみれば、葬儀の会計を務める係の人に報告する。遺体一体の火葬に必要な重油の量は一斗缶（十八リットル）で二缶という。帳場係がガソリンスタンドに連絡すると、必要な量の重油が火葬場のボイラー室に運ばれる。

火葬が終わった後も、同様の手続きで空になった重油タンクに重油が補充される。基本的に火葬に必要な重油は、喪主遺族の責任で、使用後満タンにして返すしくみである。

火葬場を使った後の、炉の中の掃除も遺族の仕事となる。「遺族が炉の前に集まりお骨上《こつあ》げをして、炉の中が冷めた頃合いを見計らって、みなで助け合って炉の掃除をするのです」と中辻さんは言う。

こうした火葬場のメンテナンスを、村人一人一人の責任で、火葬の都度行ってきたからだろう。四十年以上前に建造された火葬場は、いまだに大きな故障をすることなく使い続けられている。

喪主の押す点火ボタン

火葬の点火も喪主が行う。自分の親の遺体を焼く点火ボタンを押すのは、誰でも胸をかきむしられる。ボタンを押すことを嫌がる人は多い。だが、中辻さんはきっぱりと言い切った。

「それはいつか自分も世話にならなあかんことです。うちの村では昔からそういう申し送りができているんです。喪主の押す点火ボタン、持ち回りの火葬役、どちらも大変な役ですが自分勝手は通らない、こればかりは甘い顔をしないと地区のみんなに言ってるんです」

私が黒滝村の中辻さんを訪ねたのは、これが二回目である。一度目は二〇一二年、二度目の今回が二〇二〇年。一度目に訪ねたとき、定期的に開かれる火葬の講習会が行われていた。村人が持ち回りで火葬役をするために必要な、技術の習得のためである。

講習会には、都市部へ出て行ってしまっている若い人にも声をかけた。黒滝村に暮らしていた老夫婦が、奈良市内に住居を移していた息子に「火葬の講習会のために帰ってきてくれ」と伝えたところ、有給休暇を利用して戻ってきたこともあったという。

「息子も、いつかは村の人の世話になるんだと理解してくれたんでしょうね」と中辻さんは言う。

二度目に黒滝村を訪ねた二〇二〇年、講習会はなくなっていた。それは村人の技術が、一定水準まで達したと考えたことによる。中辻さんの後継者となり得る熟練者も、三、四人育ってきているという。

浄土真宗の野辺送り

驚いたことに、黒滝村の赤滝地区では、火葬場まで棺を運ぶにあたり、昔ながらの野辺送りがまだ存続していた。赤滝地区には、浄土真宗を信仰する家と浄土宗を信仰する家の二通りがある。宗派によって野辺送りに携える野道具の種類や葬列の派手さが異なるが、ここでは浄土真宗の野辺送りを見ていこう。

お葬式はさすがに自宅で行うことは減って、近所にある浄土真宗の寺院で行っている。寺の本堂に祭壇を組み、そこで葬儀を行い、野辺送りの葬列は寺の本堂から出発するという。

野辺送りの列の順番は、バン型の村営の霊柩車が先頭である。助手席に遺影を持った喪主が乗る。霊柩車は、その後ろに続く村人が歩く速度に合わせて、のろのろと徐行運転をした。

その後ろに、竹の棒に白い紙を巻いた杖を持つ者が続いた。地区の長老の役で、杖は三途の川を渡る死者の杖という。

その次には、葬儀や仏事に使われる常緑の植物シキミ（樒）一対を入れた竹筒を持つ者が歩き、「南無阿弥陀仏」と書かれた六本の白い旗が続いた。

これまで土葬の村で見てきた野辺送りにくらべて、たいへん簡素な葬列だ。主だった葬具の一つである「諸行無常」などと書かれた四本幡もない。死者を送る弔いの儀礼に欠かせない、手作りの香炉や燭台、四花などは事前に火葬場まで運ばれていた。

浄土真宗の弔い方は、俗に「門徒もの知らず」といわれる。真宗の葬送儀礼は迷信的な儀礼を極力廃すのが特徴で、野辺送りも見事に簡素化されていたのである。

葬列が墓地に着いたとき、一般の村では必ず行われる、棺台の周りを三回まわる、三匝《さんそう》の風習もなかった。近畿の野辺送りの聞き取り調査でも、三匝を行わないのは真宗の村だけであった。

現在、棺は霊柩車に載せて搬送するが、かつて座棺を用いていたころ、大名かごの輿に座棺を入れ、前後二人で担いでいった時代もあった。終戦から間もない昭和二十年代のことという。

真宗の葬送は迷信的な儀礼は廃したが、それ以外のことには寛大だったのだろう。

大名かごの輿で死後「お殿様になった」と思わせる演出は、村でも人気だったようである。

二〇一二年に黒滝村を訪れたとき、中辻さんらは棺を野辺送りし地区営の火葬場で火葬する村の葬儀と、葬儀社の会館葬にかかる費用を比較してみたことを話してくれた。その結果、親戚づきあいの多寡によって各戸それぞれの出費に差はあるものの、村での葬儀はすべてを合わせて百二十万円くらいで済むと出た。一方、会館葬は、当時祭壇費だけでもそれくらいかかり、諸経費を合計すると二百万円以上となった。その結果をもとに、今後赤滝地区では、なるべく村の葬儀を続けることが決議されたという。

あれから八年が経った。過疎化はさらに進み、会館葬は増え続けている。会館葬も近年、家族葬が増え葬儀価格は以前より安くなってきているが、それでもなお、故人を野辺送りで送り、村の火葬場で火葬するやり方を地区の戸数の半分が続けているのは、この決議に基づいている。

喉ボトケの骨上げ

赤滝地区の火葬役は、火葬後、遺族の家に行き、「焼けました」と告げる。知らせを聞いた遺族はただちに火葬場へ向かう。火葬炉の前で、お骨上げをするためである。

「喉ボトケを見つけ出しておくことに一番苦労しました」と中辻さんは言う。

都市部の一般的な火葬場でも火葬場職員が遺骨を選り分け、遺族にお骨の説明をするように、赤滝地区の持ち回りの火葬役も同様の説明をする。

今はどこでも寝棺の棺を火葬し故人が寝たままの格好で白骨化するので、比較的骨の選り分けは簡単だが、それでも火葬に馴れない人には至難のわざだそうだ。

「他都市で身内が火葬されたとき、火葬場の職員が骨上げする様子をじっくり観察し、村の火葬仲間とも意見交換して、だんだんわかるようになりました。見慣れてくると、喉ボトケって、ほんまに阿弥陀さんが座っているように見えるんです」と中辻さんは言う。

喉ボトケ探しに〝開眼〟したころから、中辻さんは「あの人に焼いてもらったら、喉ボトケを上手に見つけてもらえる」と評判が立つようになったという。

白骨のお文

お骨上げには大小二つの骨壺が使われる。喉ボトケは小さいほうの壺に納められる。これを本骨という。大きな骨壺には足から頭蓋骨まで順に重ねられ収骨された。大小二つの骨壺も、村民が竹細工を編んで作った手作りの壺が使用される。

お骨上げを終えると、遺族はその足で寺へ向かった。寺ではお骨上げの勤行に、蓮如上人の白骨《はっこつ》のお文《ふみ》が読誦された。

されば朝《あした》には紅顔ありて夕《ゆうべ》には白骨となれる身なり

自らも火葬を体験した遺族はみな唱和した。遺体に向き合う時間が濃密なほど、白骨のお文は万感胸に迫った。

本骨の入った小さな骨壺は、その後、浄土真宗の始祖、親鸞の遺骨の眠る京都の大谷本廟に納骨される。大きな骨壺は、黒滝村でトリハカと呼ばれるお参り墓に埋葬される。トリハカは、お骨を分骨することから「とりよける墓」が変化した言葉と考えられている。

トリハカは各家ごとに山中にあり、遺骨は自分の生まれ育った村に眠ることになる。

骨壺に入りきらなかった残骨は、村の火葬場の裏手にあるドラム缶に捨てられる。その場所は灰塚と呼ばれる。灰とはお骨のことを指す。

お葬式の後、四十九日まで週に一度、寺の住職が勤行する。住職が不在のときは、身内だけでお勤めをする。熱心な真宗門徒の暮らす黒滝村では、阿弥陀経、正信偈《しょうしんげ》、親鸞の和讃ぐらいならそらんじている人が多いという。

その後の供養は、一周忌、三回忌と続き、七回忌でだいたい忌明けになるという。このへんも真宗の弔いは簡素である。

レンガ造りの野焼き火葬

黒滝村赤滝地区の火葬の変遷を、五十年以上見続けてきた中辻さんの証言を頼りに辿ってみよう。

全くの野天で荼毘に付す野焼き火葬は、昭和二十年代、中辻さんが小学生のころまで盛んだったという。座棺を火葬する野焼き火葬では、ときに凄まじい光景を目にする。炎に包まれると、胡坐座りをしていた遺体が背骨から崩れ落ちるときぐらぐら揺れるのである。人によっては遺体が動いて見えたという。

黒滝村以外での野焼きの聞き取り調査でも、何人かが死体が躍って見えたと証言している。

黒滝村のある年配の男性も、「子どもの時分それが怖くて、夜中に火葬を見にいくことができなかった」と話す。

昭和三十年代になると、野焼き火葬は大きく変化した。耐火レンガ造りの小屋が建造され、その中で火葬するやり方に推移したのである。こうした野焼きに近い火葬をする小屋のことを火屋という。

中辻さんによると、レンガ造りの火屋には、内部にやはりレンガ造りのかまどがあった。かまどの下に炭を入れ、かまどの上には下から鉄製の網、すのこの順で重ねられ、その上に座棺が置かれた。火屋には火葬役が出入りする扉が一つ設けられていた。

燃料に生木を使うことはなくなっていた。火力の温度調節のため、遺体に濡れムシロをかぶせる風習もなくなっていた。

「レンガ造りの火屋は炭だけで火葬しましたから、骨を吹き飛ばしてしまうような強い火力にならず、生木や濡れムシロを使わなくとも、まったりと焼けるようになったのです」（中辻さん）。おかげできれいな白骨が苦労せずに取り出せるようになったという。

レンガ造りの火屋での火葬が斬新だった点はもう一つ、座棺の下に、鉄の網を敷いたことだった。鉄製の網の目は細かく、小さく砕けた白骨のかけらさえ通さなかった。そのおかげで白骨が炭に混ざってしまうことがなくなり、喉ボトケも取り出しやすくなった。

「要は、いこった（赤く燃えた）炭で網の上のモチを焼くようなものです」と中辻さんは言う。

地区営ボイラー式火葬場の誕生

昭和三十年代にできたレンガ造りの火屋は、当時としては画期的な火葬場だった。

赤滝地区だけでなく、黒滝村の他の地区でも採用されるようになり、村での火葬の主流になった。

火葬場の変遷でもう一つの大きな変化は、レンガ造りの火屋から、重油を燃料とするボイラー式火葬場へと変貌したことである。一九七八年(昭和53)、赤滝地区にボイラー式火葬場が建造された。

その間に、中辻さんの暮らしも大きく変転した。中卒で大阪の鉄工所に就職した彼は、兄の誘いで黒滝村に帰郷し、吉野杉を車で運搬する会社を起こした。その後また職を求めて大阪に出たが、再び帰郷し、親の勧めで黒滝村のスクールバスの運転手を務めるようになった。以後、村に定着するようになったという。

中辻さんは、レンガ造りの火屋での火葬を何件も経験した。三十八歳のとき、レンガ造りの火葬場が解体され、新しいボイラー式火葬場を建造中、赤滝地区に死亡者が出た。

その火葬施設のない空白期間に、昔ながらの野焼き火葬が復活したのだ。

長年、赤滝地区の火葬を見続け、その腕前を見込まれた中辻さんに火葬役の白羽の矢が立った。中辻さんは昭和二十年代の昔ながらの野焼き火葬を行った。この章の冒頭で紹介した生々しい野焼き火葬の模様は、そのときの貴重な証言による。

骨は温かくてきれいだった

昭和三、四十年代の黒滝村のお葬式は、昼ごろ始まったという。自宅または寺で導師による勤行後、火葬場へ野辺送りが出発し、午後二時ごろに点火された。

野焼き火葬やレンガ造りの火葬場の場合、火葬時間はおよそ四、五時間かかった。火葬が終わるのは、死者によっては夜遅くまでかかることもあったが、平均して午後六、七時。

火葬役がきれいに白骨に焼けたことを確かめたうえで遺族に報告に行くと、遺族はだれも食事をしないで、上座に設けた食膳の席を空けて待っていたという。火葬役がどれくらい大変か、同じ体験を共有する村の人はみなよく知っていたからである。

半世紀の間、黒滝村の火葬に携わってきた中辻さんは、お骨上げのときまだ温かい骨を手でつかみ、火葬役の働く姿を遺骨とともに子どもに見せることがある。顔をしかめる大人もいたが、なんの衒《てら》いもなく子どもに見せることが、とりもなおさず人が死ぬことの意味をまっすぐ伝えることだと思っている。

「ものすごい火力で焼けた白骨には菌もなにもありません。直に触っても清潔なもの

歴代火葬役の名が刻まれた木板

やし、世の中で、あれくらいきれいなものはないと僕は思うんです」と中辻さんは言った。

刻まれた歴代火葬役の名前

赤滝地区の火葬場の入り口に、持ち回りの火葬役が休憩する小さな小屋がある。中に入ると、三方に木の壁板が張り巡らされている。壁板は、かつてレンガ造りの火屋の内壁に使用されていたものである。

板には、茶毘に付した日付、火葬執行者の名前がところ狭しとびっしり書かれていた。火葬を終えるごとに、その日火葬を担当した火葬役がマジックか墨で書いた記念のメモなのである。

例えば「故〇〇（付された故人の名前）77歳　昭和五十七年九月十六日　くもり　この日は天気が悪く、式場係（火葬役）は気をもんだ」と書かれている。

火葬役の見習い男性の名前もある。その見習い男性が書いたと思われる板書きに「（火葬役の先輩にあたる）本長と次長に酒をのまされ、いじめられた」とある。その下にもう一人の見習いの女性の名前も見出される。

「昭和五十三年九月〜十一月　墓完成　一般寄附による」という記述もあった。墓完成とは、昭和五十三年九月から十一月まで建造に二ヵ月かけ、ボイラー式の火葬場が完成したことを意味している。一般寄附とは篤志家の寄付によって建造されたことを物語る。

その下の板にある「故〇〇（79歳）昭和五十三年十一月二十八日（一番）」という記述は、ボイラー式火葬場の記念すべき火葬第一号という意味である。

「故〇〇昭和五十三年九月三十日」とあり、火葬役に中辻さんの名前が見える。日付から考えて、これがボイラー式火葬場ができるまでの空白期間に、二十年ぶりに行われた野焼き火葬のことだろう。

中辻さんの名前は、ごく最近の二〇一六年（平成28）にも見出せる。「故〇〇83歳」と書かれ、下のほうに「……明日は我が身である」と走り書きされていた。

2　野焼き火葬の終焉

野焼きを消滅させた生活改善運動のうねり

全国的に見て、野焼き火葬はいつごろなくなっていったのだろう。一般社団法人火葬研（火葬研究協会）の武田至会長によれば、一九六〇年（昭和35）ごろを境にして消滅していったと考えられるという。

同氏は、古くから火葬が盛んだった新潟県の詳細な野焼き調査を行っている。以下はその報告である。それによると、日本で一番最初に火葬が行われたのは弥生時代、新潟県西蒲原郡黒埼村（現・新潟市西区黒埼地区）の遺骨調査で発見された人の焼骨があるとしている。焼骨は七、八百度以上の温度で焼かれたと推測されており、弥生時代、葬送の行為として火葬が行われたと考えられる。

また江戸時代の遺跡調査からは、骨蔵器や埋葬穴に葬られた火葬人骨が発見されている。

一八七三年（明治6）、太政官布告によって火葬の全面禁止が発令されたが、二年後の一八七五年（明治8）に火葬禁止が撤廃された。新潟県も火葬禁止が解かれ、以後、急速に火葬は普及したという。

一九〇二年（明治35）、新潟県の火葬率は六〇％に達した。統計データによると一九一五年（大正4）の全国の火葬率は約三六％（統計年報等から火葬研作成）だから、新潟県の火葬率は他県にくらべかなり高かったことがわかる。

火葬施設の内訳をみると、都市部は都市施設として整備された火葬場が多かったが、郡部はほとんど野焼き火葬施設が占めていたという。特に野焼き火葬率が高かったのが、報告書にある西蒲原郡であった。

武田氏の報告には、野焼き場の火葬炉の特徴は「上屋（屋根）のない簡易な構造を持つ炉で、コンクリートブロック製、石造り、耐火レンガ積み等の種類がある」と書かれている。

屋根のない野天で火葬が行われたこと、レンガ造りの火葬炉を用いたことなど、奈良県黒滝村の野焼き火葬を彷彿とさせる。

また火葬場へは、野辺送りの葬列が組まれた。昭和の初めごろの葬列の模様は、「無常鐘を先頭に葬列が組まれる。丸棺は雁蓋《がんぶた》に覆われ、その後方に善の綱の白布をつけて縁者がそれにつかまって従うのがならわしである」と武田氏の報告に書かれている。

丸棺は丸い桶の形をした座棺のことだ。雁蓋は棺桶のふたのことである。善の綱は奈良市田原地区の野辺送りでも出てきたが、棺を載せる輿から延びた白い布のことである。

しかし全国に普及した野焼き火葬は、一九六〇年（昭和35）ごろから急速になくなっていく。新潟県西蒲原郡の火葬村でも、青年団、仏教婦人会など各種団体から野辺送りの簡素化が申し渡されるようになり、同時に野焼き施設も使用されなくなったという。

「冠婚葬祭についてのこうした生活改善運動の高まりによって、野焼き火葬は消滅していったのです」と武田氏は言う。

一九九〇年（平成2）、西蒲原郡内の野焼き施設の整理が行われ、郡内のすべての野焼き施設は、台帳上も完全に消滅したという。

脳みその黒焼き

ここまで述べてきたように、土葬は平成以降急激に減少したものの、今もわずかながら存続している。それにくらべ野焼き火葬は、なぜこれほど早くなくなってしまったのだろうか。

理由の一つに、野焼き火葬の過酷さが挙げられる。

例えば富山県のある村で野焼き火葬の聞き取り調査を行ったところ、そこでは、死者を納棺する際に遺体を縄でがんじがらめに縛るだけでなく、亡くなった人の腸の部分に、炭を詰め込んでいた。火葬のときに腸の部分が一番燃えにくいという理由からだった。その風習を見て育った老女は「自分が死んだとき野焼きは絶対いや」と遺言し、設備の整った町の火葬場で荼毘に付された。それをきっかけに、同村で野焼き火葬はなくなったという。

その村では、村民の持ち回りの火葬役のことを三昧太郎と呼んでいた。三昧太郎とは富山県や石川県に伝わる妖怪の名前で、火葬場で死体を千体以上焼くと死霊が集まり、人のような形になると伝承されている。そこから転じて、野焼き火葬役のことを三昧太郎と呼んだ。

その村で三昧太郎をしたことのある老人は、「昔、ホトケさんの脳みその黒焼きを食べたという話を聞いている」と証言した。

聞き取りをした当座、半信半疑だったが、一九三二年（昭和7）に発表された梶井基次郎の小説「のんきな患者」（所収『檸檬』新潮文庫）にも、脳みその黒焼きの話が出てくる。肺病の特効薬として主人公が母親からすすめられたという話で、その後には「人間の脳味噌の黒焼はこの病気の薬だから、あなたも人助けだからこの黒焼を持っていて、若しこの病気で悪い人に会ったら頒《わ》けてあげなさい」と書かれている。

野焼き火葬が早々に消滅していったもう一つの理由として、火葬の煙が放つ異臭が考えられる。先ほどの富山県の村では、男性が「小学生のころ、学校の帰り道にあった野焼き場の臭いが嫌でたまらなかった」と言っていた。

二〇〇三年（平成15）まで大阪市生野区にあった鶴橋斎場という民営の火葬場は、在日コリアンが多く暮らす日本最大級のコリアタウンの中にあった。

作家の梁石日《ヤン・ソギル》は『魂の流れゆく果て』（光文社文庫）のなかで、「この火葬場は重要文化財並みの古い建物で、壁が朽ち果て古色蒼然としている。晴天のときは死者の霊魂は天空に舞い上がって飛翔していくが、雨や曇天の日は地面を這い、ゴムの焦げているような臭いがたちこめる」と書いている。

鶴橋斎場は野焼き火葬ではないが、空気を浄化する再燃処理設備が整っていなかったため、煙突から異臭が立ち込めたことが窺える。

火葬場の建築史からフォークロアまで余すことなく記した名著『火葬場』（浅香勝輔、八木澤壮一著　大明堂）は、鶴橋斎場は「人家や町工場などが密集した市街地の真っただ中で、古いれんが造りの煙突から煙をもくもく噴き出している」と書く。ただし、「しかし、ともに近隣の住民たちが、『あちらさん（火葬場）のほうが、ずっと古くからあるのだから……』と納得していて、何らトラブルも起こらないで、『市街地と共存』している火葬場」と述べられている。鶴橋斎場は一九二六年（大正15）に創設され、二〇〇〇年（平成12）廃止された。

ガンジス川の野焼き火葬

海外の野焼き火葬事情を見ておこう。インドのヒンズー教徒は今でもガンジス川のほとりで野焼き火葬をする。日本建築学会の火葬場施設小委員会が編集した『弔ふ建築～終の空間としての火葬場』（鹿島出版会）によると、インド北部のヒンズー教の聖地ヴァラナシ（ベナレス）には、死を迎える館と呼ばれる建物があり、医師からそう長くないと宣告された人たちが館を訪れ、人生最期の日々を親族に伴われて過ごすと書かれている。

死を迎えると、薪を組んだ上に、布で包まれた遺体を載せ、さらに薪を積み火葬される。日本の野焼き火葬とどの点が違うのか、火葬研の武田氏はこう言う。

「インドの野焼きは日本のそれとくらべ薪を大量に使用します。日本の場合、濡れむしろをかぶせるなどして数時間かけてゆっくり焼きますが、インドの場合、五百キロもの大量の薪を使って非常に強い火力で一気に燃やすので、火葬時間は一時間で済むのです。一方、日本の野焼きは、薪の量が少なくて済み、燃料の節減になります」

日本の野焼き火葬は、燃料を節約してゆっくり焼くので、骨は粉々になることもない。日本の火葬が、いかにきれいに白骨を残すことに腐心してきたかが窺える。

これにくらべ、ヒンズー教徒は遺骨の収骨にこだわらない。火葬が終わると、強い火力で粉々になった骨灰をすぐさまガンジス川に流してしまう。

『弔ふ建築』には、「（インドでは）火葬料金は決まっているわけではない。遺族は買える分だけの薪を購入する。（中略）お金がない人は火葬に必要な量の薪を買うことができないので、その場合は火葬の途中でガンガー（ガンジス川）に流されることになる」と記されている。もっと貧しい人になると、遺体を火葬せずひそかにガンジス川に流すという。

アジアの野焼き火葬事情

火葬研の発行する機関誌『火葬研究』に、「世界の火葬から日本の火葬を考える」という記事があった。そのなかでアジア各地の野焼き事情が報告されている。

それによると、ネパールの首都カトマンズに、薪を燃料とした野焼き火葬場が七ヵ所ある。このうちの一ヵ所では、遺体はバグマティ川の水で清められた後、組み上げた薪の上に寝かされ、藁《わら》で被《おお》った後に点火される。火葬は数時間かかり、遺灰は川に流される。魂の輪廻を信じるヒンズー教徒は遺骨に執着しないし、納骨のための墓も建立しないという。

同じネパールでも、仏教徒の野焼き火葬は少し様子が異なる。薪を並べ井形に組んだ上に遺体を寝かせるのだが、遺体が落ちないようにときどき持ち上げながら火葬を行う。

仏教徒の場合、遺灰は川に撒かれることなく、収骨される。集めた遺灰を水で丸めて仏像を造り、寺院に置くこともあるという。

タイでは、今も野焼き火葬が行われるという。特徴的なのは、薪でタイ式の建物を作り、その中に遺体を安置し、建物ごと火葬することだ。

二〇一六年に死亡したプミポン前国王の葬儀では、バンコクの王宮前広場に国王の死後一年をかけて高さ約五十メートルのタイ式建造物が建設された。この巨大建造物は須弥山《しゅみせん》を模している。須弥山は古代インドの世界観で、中心にそびえるとされる聖なる山だ。

前国王の火葬式に参列した武田氏によると、王宮を出棺後、棺はこの建物の中に運ばれ、奥のほうにある火葬炉の前で、建造物のミニチュアを焼く、いわば野焼きセレモニーが行われた。そしてその後、後ろの火葬炉で火葬されたという。

このようにタイでは、王族も含めて、野焼き火葬の風習が今も残っている。

火葬後の収骨は、翌日行われる。しかし骨壺はなく、ビニール袋やプラスチックの保存容器に入れて持ち帰る。基本的にタイではお墓は作らないという。

仏教とアニミズム的な民間信仰の併存するミャンマーでは、野焼きについての記述はないが、火葬場で焼いた場合、収骨を行うのはごく一部の人に限られるという。遺骨に執着しないし、墓も作らないという。

儒教的な考え方から、火葬を嫌悪し主に土葬してきた韓国でも、実は野焼き火葬があった。それは仏教僧に対して行われた。二〇〇二年にも、曹渓《チョゲ》宗という韓国仏教の最大勢力の寺院で野焼き火葬が行われた。

その寺の荼毘所まで葬列が組まれ、蓮の花の形に装飾された火葬台に遺体が載せられ、大勢の僧侶が一斉に点火したという。

アジア諸国の野焼き事情を見ると、遺族・会葬者が火葬に立ち会い死者を哀悼する点で日本の火葬に似た点も見出せる。火葬後の収骨も、アジアの多くの国で行われている。

ただし、肉体は魂の入れものに過ぎないと考えるヒンズー教徒の国では、収骨しないし、墓も作らない地域が多い。その点、日本人は遺体はおろか、火葬後の骨にさえ魂が宿っていると考える。このような霊肉一元的な考え方が、遺骨を大切にする文化を生み出したといえる。

世界一の火葬大国

世界の火葬率を比較してみると、欧米のキリスト教国では、長い間死後の復活が信じられており、土葬が主流だったため、火葬率は低い水準にあった。

二〇一四年の英国火葬協会のデータによると、フランスの火葬率は三五％、スペインは四七％だ。

プロテスタントの国を見ても、イギリス国教会のイギリスは例外的に火葬率が高く七五％だったが、アメリカは四七％である。

これに対して日本の火葬率は一九七〇年代にはすでに八〇％を超え、今や九九・九％。世界で断トツの一位である。なぜ日本の火葬率はこんなに高いのか。隣の韓国と比較すると、興味深い事実が浮かび上がる。

一九九四年、韓国の火葬率は約二〇％だったという。同じころ、日本のそれはとうに九〇％を超えていた。この日韓の著しいギャップに悩んだのが在日コリアンだ。

私の友人の在日三世の男性は、一九五六年（昭和31）に祖父を亡くし、大阪市生野区の鶴橋斎場で荼毘に付した。骨は日本の寺に納骨された。ちなみに当時の日本の火葬率は五七％（衛生年報他）と、まさに年ごとに急上昇を始めたころである。

在日二世である友人の父は、八〇年代半ば、一世の祖父のために生まれ故郷の済州島に墓を建立する。それは父の悲願だったという。「遺体を故郷へ、それがかなわぬまでも遺骨は故郷の地へ。そして何万人、何十万人の在日コリアンが、鶴橋斎場で焼かれたのである」と『ニッポン猪飼野ものがたり』（上田正昭監修、猪飼野の歴史と文化を考える会編　批評社）に記されている。

ところがこうした韓国人の火葬事情は、二〇〇〇年を境に一変する。韓国で「葬事等に関する法律」が改正され、火葬での納骨の普及を国・自治体が積極的に行うことが義務づけられた。それによって韓国の火葬率は飛躍的に上昇したのである。二〇〇五年には五三％を記録し、はじめて土葬を上回った。二〇一五年、韓国保健福祉部は火葬率が八〇％を突破したことを発表した。

在日三世の友人は、「祖父は土葬されたかったのかもしれません。祖父を故郷の土に還すことは在日二世である父の悲願でした。でも僕らの世代には、もう土葬へのこだわりはありません」と語る。

韓国の火葬率が急上昇したのは法律で火葬を義務づけたからだったが、日本の場合はそうではない。法律の規制によらず、土葬や野焼き火葬はやめましょうと生活改善運動が展開されたからに過ぎない。

それだけでまず、野焼き火葬が激減した。同様に生活改善運動のターゲットとなった土葬も徐々に減少し、今や消滅しつつある。どこか新型コロナ対策に、罰則を設けないで自粛を求めたことに似ている。同調圧力の強い日本人らしいといえるだろうか。

3　戦中・戦後の野焼き火葬

鳥辺野を歩く棺桶を背負った女性

「棺桶を背負った女性が一人、鳥辺野の焼け跡を歩く姿を見かけたことがあります。戦後間もなくのころでした」

と語ったのは、八十代後半の女性民俗学者である。十代はじめの少女だったころの証言で、女性は、もともと相撲の習俗研究家だったが、仏教民俗学者・五来重の門下生として、土葬習俗の聞き取り調査も精力的に行っていた。本書に掲載したいくつかの貴重な土葬の写真の何枚かは、彼女自身の撮影による。二〇二〇年春に亡くなられたが、その直前に私は写真を譲り受けていた。

棺桶を背負った女性は、どこへ歩いて行ったのだろうか。この問いがしばらくの間、頭の中から離れなかった。棺に入った遺体を鳥辺野の葬地に埋葬するためだったのだろうか、鳥辺野の山で荼毘に付すためだったのだろうか。手がかりを求めて、京都の歴史的な葬地、鳥辺野への道を歩いた。

鳥辺野への入り口は、京都市東山区、鴨川にかかる松原橋にある。松原橋は、牛若丸と弁慶の決闘があったと伝説にいう「京の五条の橋」のことである。

松原橋から松原通を東へ二、三百メートル歩くと、西福寺という寺が建ち、六道の辻という石碑が立っている。六道は六道輪廻の辻ということで、地獄、餓鬼、畜生、修羅、人間、天という六道の分かれ道を意味する。いわばあの世への入り口である。

六道の辻を南に下がると、空也像で有名な六波羅蜜寺が建っている。そこはかつてろくろ町（髑髏町）と呼ばれた。空也は市《いち》の聖《ひじり》と呼ばれ、洛中の市井に念仏を携え徘

京都・鳥辺野。珍皇寺にある六道の辻の石碑（左）。親鸞が火葬された御荼毘所跡（右上）。大谷本廟の石塔群（右下）

徊した。

　松原通をさらに東に歩くと六道珍皇寺があり、そこにも六道の辻の石碑が立っている。同寺のいわれに、昔、珍皇寺を夜な夜な訪ね、寺の裏庭にある井戸から冥界へ通った男がいたとされる。男の名は小《お》野篁《ののたかむら》という。篁は井戸から閻魔庁に通い、閻魔大王に仕える第二冥官という役人だったなどという奇怪な話が、今昔物語集をはじめ歴史史料に残っている。

　珍皇寺から東に歩き、東山通を越えると山が迫ってきた。清水寺に至る清水坂も近い。そこから南の方に向かうと、大谷本廟があった。ここに浄土真宗の開祖、親鸞の遺骨が眠るとされている。大谷本廟から横道沿いに谷を降りると、親鸞が火葬されたという御荼毘所の石碑があった。

　この清水坂から大谷本廟あたりに、かつて埋葬地があったといわれる。現在も、鳥辺野というと、一般にこのあたり一帯を指す。戦後まもなく棺桶を背負った女性は、ここへ埋葬に向かったのだろうか。

　ただし『史料　京都の歴史10　東山区』（京都市編　平凡社）によると、かつて鳥辺野の範囲はもっと広く、大谷本廟の南にある修道学区（東山区馬町あたり）から東山三十六峰の一つ、阿弥陀ヶ峰まで及んでいたという。

　旧学区の修道町は、京都市内で数少ない第二次世界大戦の被災地域だった。一九四五年（昭和20）一月十六日、米軍機の空襲があり、多数の死者・罹災者を出している。『語り伝える京都の戦争2　京都空襲』（久津間保治著　かもがわ出版）によると、空襲があった一晩のうちに死者三十五人を出し、「遺体を満載したトラックは火葬場へ向かった」とある。

　この火葬場は、阿弥陀ヶ峰の近くにあった「花山火葬場」と思われる。京都市は明治期より前の時代から、施設内の火葬場が発展していた。

明治時代に入ると、浄土真宗大谷派と本願寺派それぞれが運営する花山荼毘所が創設された。隣り合った二つの荼毘所は、昭和の初めに京都市に譲渡され、市営花山火葬場として操業された。花山火葬場は、解体された後、一九八一年(昭和56)に「京都市中央斎場」と名を改め、現在に至っている。

京都市民は今でもこの火葬場で火葬することを「山に行く」と言う。京都市南区の片田舎に生まれた私自身、祖父、祖母、父、母の火葬にこの火葬場を使った。

戦後まもなく、棺桶を背負った女性は、空襲で焼け跡となった修道町を一人歩き、阿弥陀ヶ峰の火葬場で身内の遺体を荼毘に付したと思われる。

親を焼いた野焼き火葬の記録

空襲が比較的少なかった京都市にくらべ、町全体が焦土と化した大阪市は、火葬場が満杯でやむを得ず野焼き火葬をしたという記録がいくつも見出せる。

『大阪大空襲』(大阪大空襲の体験を語る会編　大和書房)に、爆死した娘の野焼き火葬をしたことがつづられている。

「当日は葬式も出来ず鐘紡で一泊、火葬場は焼いてくれないため翌日広場で、警防団の方々が防空壕のような細長い穴を掘り、（中略）油をかけて焼き、遺骨をひろい同日正午帰宅した」とある。

野焼き火葬ばかりでなく、お寺の焼け跡に「空襲で死んだ人が五人埋めてある」と書かれて埋葬された遺体は、一九四八年（昭和23）、ようやく市役所によって掘り返された。「幾つかの大きい白木の箱に納められた屍体は囲いで高くしたトラックに積み込まれ寺の門をはなれた」という。

富山市の大空襲を記録した『八月二日、天まで焼けた〜母の遺体を焼いた子どもたち』（奥田史郎、中山伊佐男著　高文研）には、母と妹の遺体を伯父と二人で焼いたことがつづられている。

「黒こげになり泥にまみれた母の肩をかかえあげながら、伯父はぼくに膝を持つように指示した。このとき、ぼくは、一瞬、持つのをためらった。伯父の怒声が飛んだ。『親を持つのに、何がきたないことがあるか！』。すごい剣幕だった。伯父はこのとき四十五歳だったが、ふだんはとてもやさしく、それまでぼくはただの一度も叱られた覚えはなかった」

もう一人の母を亡くした少年は、「ぼくたちは、近くの焼け跡から波形の焼けトタンを拾ってきた。その上に薪をならべ、母の遺体を焼いた。まわりにも薪を置き、上から石油をかけて、火をつけた。なかなか燃えないので、なんども新聞紙を固くねじったものを薪の間にさしこんだ。ようやく焔が燃えあがった」と書いている。

野焼き火葬をしなければならない事態は、戦時だけに限ったことではない。実は一九九五年（平成7）に起きた阪神・淡路大震災でも、野焼き火葬寸前の危機があったという。遺体放置による感染症の危惧から、「ポートアイランドで野焼き火葬してはどうか」という案が厚生省から出たと伝え聞いたことがある。

かろうじて野焼き火葬をしなくて済んだが、遺体を搬送し続けた神戸や大阪の葬儀業者に聞くと、火葬場の火葬炉はほぼ限界まで回転していたという。厚生省から諮問を受け調査を行ったNPO「日本環境斎苑協会」は、特に東京都のように人口当たりの火葬場の炉の数が少ない都市部では、「現状の整備率のままでは大きな混乱を招く恐れがある」と、そのとき警鐘を鳴らしていた。

そこで今回、この問題はどうなっているのか、火葬研の武田会長に尋ねた。

「阪神・淡路大震災のときの火葬炉は、一日二、三回転が限界でした。でも現在の火葬炉は改良され、東京にある民間火葬場では一日七回転できるようになっています。

回転数を増やすと、遺族の収骨の時間が取りにくくなりゆっくりお別れができないという問題はありますが、火葬場で火葬できないという恐れは少なくなったと思われます」

第三章　風葬　聖なる放置屍体

1　風葬・土葬・火葬が併存する島

与論島の風葬墓所

急勾配の石段を登ると、太古の森に彷徨《さまよ》い出たようだった。亜熱帯の草木が生い茂り、祠が立っている。その奥のほうに珊瑚岩で囲われた洞窟があり、無数の白骨が折り重なるように積まれていた。

骨は白かったが、人間の欲という欲を残らず削ぎ落としたかのように透明に見えた。ただ魂だけが、なお微《かす》かに漂っているようだった。

二十年前、私は年上の友人を看取った。その百箇日、遺骨を口にしたことをなぜか思い出した。あれはやはり友人の魂を食べたのだと思い当たった。

今から四年前の二〇一六年（平成28）、沖縄のすぐ隣にある島、鹿児島県の与論島に住む竹下徹さんの案内で、今も残る風葬墓所を訪ねたときのことだった。

与論島の風葬墓所、ジシ

この洞窟は、竹下さん一族の風葬墓所である。与論島の言葉で、風葬墓所のことを「ジシ」という。もう少し正確にはズィシと発音する。竹下さん一族のジシには、曾祖母を含めた、先祖代々の何百体もの白骨が折り重なるように眠っている。曾祖母は、沖縄の神女であるノロだったという。ノロは、琉球王朝の祭政一致による宗教支配の手段として、各地に配置された巫女としてよく知られている。

風葬とは、遺体が自然に朽ちるまで室内または庭などに放置する、土葬・火葬に先立つ自然葬の一つである。

竹下さんの曾祖母も亡くなると、ジ

シまで野辺送りの葬列が組まれ、祠のある場所の前に棺ごと地面に置かれた。棺は筵《むしろ》で包み、雨露をしのぐ程度にクバ（フバ、蒲葵《びろう》ともいうヤシ科の常緑高木）の葉で縦横上下に括《くく》る。

三年以上経過し完全に白骨化すると、骨を洗い清め甕に収骨されるか、またはそのまま洞窟に葬られたという。

「与論島の風葬は、明治初めごろに禁止令が出ましたが、島民はやめるにしのびず、一九〇二年（明治35）、国からの禁止令が徹底され土葬に移行するまで続きました」と竹下さんは語る。

『死の儀法～在宅死に見る葬の礼節・死生観』（近藤功行、小松和彦編著　ミネルヴァ書房）の中の「与論島の葬法」（町健次郎著）によれば、与論島に風葬の禁止令が発令されたのは、一八七七年（明治10）だが、その翌七八年（明治11）、八六年（明治19）と伝染病が大流行しても、風葬はなくならなかったという。

特に凄惨な事態になったのは、一八八六年に疱瘡が大流行したときだった。千数百人の死者が出、風葬禁止の戒厳令が出された。

「しかし、あまりの死人の多さに死体を墓地まで運搬する人もいなかったので、数日屋内に放置してあったのを村から夫役（人夫役）を出して運ばせるような有様であったと伝えており、完全な土葬への移行は困難であった」と「与論島の葬法」に書かれている。

与論島ばかりでなく、沖縄諸島では近代以降も風葬が行われていたことが知られている。南の島の住民は、長い間風葬の風習を改めようとせず、そればかりか人が死ぬとしばしば風葬墓所を訪ねた。沖縄の民俗学者、伊波普猷《いはふゆう》は『南島古代の葬制』（伊波普猷全集第五巻　平凡社）で、次のような話を記している。

「（沖縄諸島の）粟国《あぐに》島生れの下女は、夫が死んでからまる一週間、一日も欠かさず故人の顔を見に出かけたが、親戚の者等から、それ位つづけていったら、亡夫も満足するだろうから、もうやめたらよかろう、との忠告を受けたので、不承不承にその日から断然いかなくなったとのことである。そして日毎に死体が変化して臭気が益《ますます》甚しくなっても、彼女には（夫の死体が）穢《きたな》いとか怖いとかいう情は少しもおこらなかった」

風葬墓所のジシに墓参りに行くことを、与論島ではハンシャ通いという。前出「与論島の葬法」には、「死後7日間は、毎日ハンシャ通いをする者がいたとも言われる。死体は日が経つにつれ悪臭が酷く、棺の置かれた地点の近くで咳払いをして死者の名を呼んだり話しかけたりすれば、死者の霊魂が感応して臭気は和らいだ」とある。

与論島の聖地

それにしてもいったいなぜ、禁止令から二十数年を経ても与論島の風葬はなくならなかったのだろう。竹下さんは断固とした表情でこう言った。

「(死者を)土に埋めることは、犬や猫じゃあるまいし、亡くなった父や母に対してたいへん申し訳ない。そんなことをすれば先祖に祟《たた》られるという気持ちだったのです」

この返答には、正直なところたいへん驚いた。少なくとも明治時代、風葬から土葬への移行期の与論島の人々にとって、風葬は、土葬とくらべることのできないほど、はるかに自然で正しい弔い方だったのである。

与論島の風葬は、一九〇二年(明治35)に風葬禁止の強制命令が出た後の大正、昭和になっても、完全にはなくならなかったようだ。昭和三十年代まで、風葬の一種である樹上葬が残っていたといわれる。

樹上葬は「本朝変態葬礼史」（所収『タブーに挑む民俗学』中山太郎著　河出書房新社）に、「霊柩を高く樹上に吊し行う」もので「昔は巫女《のろくめ》が死ぬとその屍体を柩に納めて樹の上へ掛け、三年間を風雨に晒した」とある。『火葬研究』に掲載された「与論島における埋・火葬事情考」（宇屋貴著　公益社葬祭研究所）という論稿では、「人目につかない岩場の木にひもをくくりつけ、その下に棺を支えていた」という話を紹介している。

また風葬がなくなっても、風葬墓所ジシを参拝する風習は途絶えることはなかった。昭和四十年代初頭まで、ジシで旧暦三月二十七日あるいは二十九日に一合瓶の酒を持ち寄って、酒宴を開いたと「与論島の葬法」にある。

竹下さん一族は、今でも旧暦三月二十七日、ジシを参拝するという。風葬墓所そのものも壊されることなく、与論島の海岸や内陸部の洞窟のそこかしこに現存している。

「ジシは私たちにとって聖地なのです」と竹下さんは言う。

洗骨

風葬禁止の強制命令が出た一九〇二年（明治35）を境に、与論島では土葬が始まった。竹下家でもジシに骨があるのは沖縄の神女ノロだった曾祖母までで、それから後の竹下さんの祖父、祖母、父、母の遺骨は、島の北東部にある寺崎海岸に面した墓所に葬られている。

そこには一畳分ほどの埋葬スペースと珊瑚でできた古い石塔墓が並び、その横に新しく黒い石塔墓が一基、建立されている。

黒い石塔の下の部分にはカロートという納骨スペースがあった。中を開けてもらうと、竹下さんの祖父母以降の遺骨が一人ずつ甕に納骨されていた。

今から十年前の二〇一〇年（平成22）、この海岸墓地で竹下さんの母の洗骨儀礼が行われた。洗骨とは、土葬から数年後に埋葬地を掘り返し、白骨化した遺骨を改葬する、奄美群島をはじめ琉球文化圏に特有の弔いの風習である。竹下さんの証言によると、洗骨儀礼が行われた経緯は以下の通りである。

母が亡くなる少し前、竹下さんは「（死後）どうされますか」と尋ねた。母は「焼かれたくない」と答えた。そのころ与論島に火葬場ができていたが、母は土葬されることを望んだ。二〇〇六年（平成18）、九十七歳で亡くなると、遺言どおり、寺崎海岸の埋葬スペースに土葬された。

洗骨は通常、死後五年から七回忌の間に行われるが、竹下さんの母の場合、死後四年目に実施された。

その模様を取材したNHKの映像「与論島の洗骨儀礼」が残っている。洗骨という一族の秘事を公開することには、自身の葛藤や兄弟の反対もあったそうだが、神聖で厳粛な行事として取り上げてもらうことにした。

洗骨儀礼は、前夜祭から始まる。その晩、島を離れた人を含めて一族三十八人が竹下さんの自宅に集まった。庭には木の精が宿るといわれるガジュマルの木が生い茂り、祖父、父を顕彰した石碑が立っている。

平屋住居の一階の神棚の前で、一族の長として竹下さんは「これまで土の中に埋めて申し訳ありませんでした。今、きれいにしてさしあげます」と訥々《とつとつ》とした口調で読み上げた。

与論島で弔いの供養などの祭祀を主宰する長のことを、祭り人という。祭り人である竹下さんが、前夜祭と洗骨を実施する墓所の両方で、先祖を敬う祝詞を平易な言葉

埋葬地に置かれた屋形のガンブタ。死後の住まいという

で述べるのである。

翌朝五時、まだ日の出前から一族は墓所に赴いた。母の埋葬地にはガンブタ（龕ぶた）という屋形が置かれている。この屋形は与論島に独特のもので、故人の死後の住まいといわれている。ガンブタを取り除いた後、皆で埋葬地を掘り返した。

祭り人に、一つ心配事があった。

「予定より一年早い洗骨だったので、完全に白骨化しているか不安だったのです」と竹下さんは言う。

もし完全に白骨化していなければ、死者がまだこの世に未練を残していて、一族の守り神になり切れていないとみなされる。その場合、「なんの未練があるのか、きれいになれ!」と一喝し、罵声を浴びせながら一太刀入れ、骨を墓に埋め戻さなければならない。そんなことになれば恥だと、与論島ではいわれている。

骨はきれいに白骨化していた。白いとはいえ、いくぶん黒ずんだベージュ色をしている。風葬墓所ジシで見たような透明感のある白骨に比べ、まだ生々しい感じがする。

まず一番最初に、頭蓋骨を取り出し、白いタオルで包んだ。それから順に骨の一片まで残らず取り出され、海水で丹念に洗い清められた。そして足から順に甕の中に納骨されていった。

洗骨儀礼の前の晩に「こわい」と言っていた小学生の孫たちに、母親が「こわくなかった?」と尋ねると、黙って頷き、しばらくしてさめざめと泣いた。

スーアタイ(総係)という仕事

与論島は、鹿児島市から約六百キロ離れ、鹿児島県に属する奄美群島の中でも最南端に位置し、沖縄本島に最も近い。那覇からは飛行機で約三十分だ。人口は約五千人、サンゴ礁でできた美しい島である。

この島を最初訪ねたのは、与論島には風葬、土葬、火葬というタイプの異なる弔いの風習が三つとも併存していると、ある僧から聞いたからである。

竹下さんの次に話を伺ったのは、やはり与論島に生まれ在住する竹盛窪《たけもりくぼ》さん（六十七歳）である。竹さん一族もやはり白骨が折り重なって眠る風葬墓所ジシを持ち、島固有の丁重な先祖供養を続けている。

一九七七年（昭和52）、竹さんの祖母が亡くなり、亡骸は野辺送りされた。そのときの貴重な葬儀の記帳が残っている。ちなみに与論島のお葬式は仏式ではなく、神式で行われる。竹さんの家にも仏壇はなく、神棚で先祖を祭ることが祭祀の中心になっている。

記帳を見ると、弔問に訪れた島民による奉納品として、白い布やタオル、旗などが並ぶ。白い布とタオルは、埋葬の数年後に行われる洗骨の際に、白骨を拭ったり甕の骨壺に納骨するとき骨を包む布として使われる。このことから与論島では、お葬式の後、洗骨改葬することが前提になっていることがわかる。

奉納品の旗は、野辺送りの際に用いられる。葬列中掲げられる旗は、五本、七本、九本と旗の数が多いほど、家柄や社会的地位が高いことを示す。

葬儀の役付けで重要な役は、総係と呼ばれる。与論島の言葉でスーアタイという。スーアタイは、野辺送りで島民それぞれの役目を決め、葬儀全体を采配する。葬儀委員長である村の長老がこの役を務める。

これに対して、お葬式儀礼の祭祀の中心を司るのは先述した祭り人である。祭り人は喪家の代表者（喪主）が務める。喪主がこの役を辞退すると、神社の神官を招き、祭り人を務めてもらう。

通夜の夜、スーアタイが決める主だった役に、奉公人（プクゥ人）、埋け掘り人、酒係、記帳係などがある。

奉公人とは、棺の担ぎ手のことである。埋け掘り人は墓掘り人のことで、その役は三人と決まっている。三人のうちの一人は、墓穴を掘るだけでなく、埋葬地で死者を埋葬する際に祝詞を読む。喪主が祭り人の場合は、喪主が祝詞を読むことも多いが、神社の神官は祭り人を務めても墓まで随行しないことが多いので、代わりに読むという。

酒係は、お世話になった人びとに上手に酒を勧める。人あしらいに長けた役で、スーアタイを務めたことのある年寄りがこの役を務める。

「ぼくも、料理はなくても酒だけは切らすなという、祖父の遺言を書き留めています」と竹さんは言う。

記帳係は、野辺送りの旗に故人の名前を書いたりする。若いころからこの役をすることが多かったという竹さんは、「記帳係が尊重されたのは、島の人があまり字を書けなかった時代の名残なのでしょう」という。

竹さんが一番印象に残っているのは、町会議員だったオジが亡くなったとき、生前の遺言でスーアタイの補佐役の式進行係を仰せつかったことだ。

「竹家の本家の跡取り長男だったことから指名されたんですが、若造のぼくに務まるか緊張しました。式進行係というと聞こえはいいが、まあ使い走りです。でも家の責任者としてしきたりを覚え、しっかりせなあかんと自覚させられました」という。先祖を敬い、生きている人の間では年長者を敬う。その感覚は今でも与論島の島民の間に濃厚に残っている。

与論島の野辺送り

与論島の土葬は、二十一世紀を迎えたころまで続いた。「与論町誌」には、古い野辺送りの役付けの記録が残っている。それを基に何人かの土葬経験者の記憶をまじえ、与論島の神式葬儀の野辺送りの模様を再現してみよう。

葬列の先頭役は、竹箒を二本持った。箒を持つのは今も神葬祭を行う奈良県十津川村と同様で、野辺送りの道行きや墓を清めるといった意味がある。

次に続くのは提灯持ち。細竹で丸い骨組みを上下に二つ作って円柱の形にし、その上から白い和紙を貼ってある。二人で一対、この提灯を持った。

その後ろに遺影を持つ役、その次に位牌を載せた白木の台を持つ者が続いた。白木の台の上には、位牌の横に四花という弔いの紙の花が、位牌の前には線香が立てられた。

遺影持ち、位牌持ちのそれぞれにコウモリ傘を持つ人が付き従い、遺影、位牌に日が当たらないようにした。神式の葬儀では、死者が太陽の陽に晒されることをタブーとしている。

その後、棺が続いた。与論島の場合、棺は寝棺を用いた。ただし寝棺といっても長さ一・五メートルと一般の寝棺にくらべてかなり短い。これでは大人の身長では窮屈だ。そこで通夜の晩、亡くなった人の膝を少し折り曲げておくという。

「折り曲げた膝が伸びないように、身内は交代で故人の膝を抱いて、夜通し寝ずの番をして過ごしました」と昔の与論島の風習を良く知る老人は言う。

寝棺の上には、屋形の形をした木製の建造物を載せた。この屋形をガンブタ（龕ぶた）という。龕（棺）の上に蓋をかぶせるように載せることから、こう呼ばれる。ガンブタは墓地に着いた後、埋葬地の上に置かれ、神式の祭祀を行う祭壇として用いられる。葬儀後もそのまま埋葬地の上に置かれたことはすでに述べた。

埋葬地の息つぎ竹

土葬の穴掘り役である埋け掘り人は、出棺の二、三時間前には、野辺送りに先行して墓に出向き、墓穴を掘り、葬列の到着を待ち構えた。

与論島の土質は砂地であることが多く、他県の土葬の村にくらべて墓穴を掘る苦労は少なかったようである。

墓地に遺族や会葬者が集まると、墓穴の前で埋葬のための儀礼が行われる。埋け掘り人の一人、または祭り人を務める喪主が、地神と先祖に礼を述べ、地面に酒を吸わせる。

祭り人は、故人に対して「あなたの休まるところはここですよ」と平易なことばで呼びかけるように祝詞を読みあげる。

埋葬の際、棺に竹の筒を一本垂直に差し込み、棺内と地上との間に空気の通り道を作る。埋葬後も故人の魂が「遊び」に行くためとか、故人が息をしやすくするためなどと、言い伝えられている。

『葬送習俗語彙』を見てみると、なんと同じものが、「息つき竹」という用語で掲載されていた。「常陸新治郡（茨城県）では青竹の長さ六尺以上のもの二本の節をぬき、多く手伝人の一人が持って葬列に加わり、そして埋葬したる土饅頭の中央に立てる風がある。それは息つき竹と呼ばれて居る（中略）。多分霊の通路とする為に必要だったのではあるまいか」としている。

埋葬された砂地の上には、ガンブタが据えられ、その横に位牌やお神酒《みき》、煙草、サンダル靴など、故人の生前愛用した物が供え物として置かれた。

土葬の悩ましい問題

与論島の土葬には、この島独特の悩ましい問題がある。それは埋葬後の洗骨習俗にかかわることである。「与論島における埋・火葬事情考」（所収『火葬研究』）によると、与論島の埋葬地は、平均して二間四方（三・六メートル四方）ほどの広さしかなく、一家に三人以上の死者が続くと、それ以上の埋葬は困難になるというのである。

どんな土葬の村でも、墓穴掘りの最中に以前埋めた骨が出てくることを嫌う。与論島の場合、埋葬の数年後に行う洗骨まで、掘り返すことを嫌う。二人目の死者が出ても同じ埋葬地に重ねて埋葬することはしない。同じ場所に埋葬する場合、必ず一人目の洗骨を終えた後に行う。

二間四方の埋葬スペースであれば、無理をすれば二人の埋葬は可能である。しかし三人目の死者が出た場合、埋葬できないという問題が生じるのだ。

そういうとき、与論島の人は、「どうか三人目が出ませんように」と祈り、二人目の死者の棺の中に身代わりとしてわら人形を入れるという風習が残っている。かつてはニワトリを殺して箱に入れ、棺のそばに一緒に埋めたという。三人目の死者の身代わりとなるべき生贄《いけにえ》ということだろうか。

もし三人目の死者が出てしまった場合はどうするのか。どうしても三人目の土葬をしなければならない事態になったら、埋け掘り人は葬式の朝早く、人目につかない時間帯に墓地へ走り、こっそり埋葬地を掘り起こし、骨を取り出しておいた。埋け掘り人はなにごともなかったかのような顔をして、葬式に参加したという。

洗骨された遺骨を〝火葬〟する

与論島に火葬場が初めて建造されたのは二〇〇三年（平成15）のことである。火葬場の完成は、島の弔い事情をがらりと変えた。

ここまでの与論島の弔いを振り返っておくと、明治の風葬時代は、風葬後四、五年を経て洗骨し、一族の風葬墓所ジシに納骨した。大正・昭和になると、埋葬後、数年を経て埋葬地を掘り返して洗骨し、一族の石塔墓に納骨した。

与論島の土葬は、日本列島の集落とくらべても長く存続し、二十一世紀初めまで続いた。ところが火葬場ができたことで大きな転機を迎えた。火葬することで、これまでの弔いの手続きを経ることなく、火葬された遺骨は石塔墓に直接納骨されることになったのだ。その結果、それまで土葬が大半を占めていたのが、一転、火葬件数が急増したのである。

公益社葬祭研究所の「与論島の火葬率の推移」調査によると、一九九七年（平成9）に与論島では土葬が大半を占め火葬率はほぼ〇％だったが、二〇〇三年（平成15）には、土葬が約三五％、火葬が五五％となり土葬率を上回った。

この弔い事情の激変ぶりは、天皇の死亡時に行われた風葬にはじまり、土葬、そして火葬へとおよそ二千年近くをかけてゆっくりと移り変わってきた日本の弔いの歴史を、わずか百年余りの早回しフィルムで見るかのようである。

与論島に火葬場ができるまで、火葬を望む人は、火葬場のある沖永良部《おきのえらぶ》島へ飛行機か船で遺体を運び、火葬していた。それが島内で火葬できるようになり、土葬は急激に減っていった。

与論島に火葬場ができたことによるもう一つの変化は、洗骨改葬にかかわることである。公益社の調査データの火葬率五五％のうち、洗骨のために掘り返した遺骨を火葬場で火葬する件数が多くを占めたのだ。それは以下のような事情による。

与論島の島民の話によれば、洗骨改葬のために掘り出された骨は、肉片がところどころに残っていることもあるらしい。それらは従来、竹のへらなどを使ってこそげ落としていたという。それが掘り返した骨を火葬場で焼き、きれいに白骨化して骨壺に納められるようになったというわけである。

しかしそのような変化があってもなお、与論島から土葬が全く消滅してしまったわけではない。現に風葬墓所を大切に守っている竹下さんは、自分の墓に埋葬スペースを確保している。「野辺送りで孫に棺を担がれ、焼かれるのでなく埋葬されたい」と今でも願っているという。

2　海の向こうにあの世～ニライカナイの島の弔いの奇習

三十日祭の床上げ

与論島の弔いでは、葬儀後の供養も神式に則って行う。葬式の翌日に行う仏式の初七日にあたるものは、三日祭という。与論島の葬祭儀礼に詳しい老人によると、三日祭では葬儀の会計報告も行われ、その後、身内だけのささやかな慰労会が開かれた。

三日祭の次は、十日祭が行われる。こちらは友人・知人も集まり、盛大に行われる。ただ、与論島の外に暮らす人が増えたことから、三日祭と十日祭を一緒にする儀礼の簡略化が進んできているという。

その後、仏式の四十九日に相当するものとして、三十日祭が行われる。この日に、墓場に祀ってあった位牌、飾りつけなどを焼き、家の神棚の位牌は祖霊位牌に合祀される。これを「床上げ」と呼んでいる。

一族の風葬墓所を案内してくれた竹下さんは、与論島にあった弔いの逸話を集めた『ドゥダンミン』という本を数冊書き綴っている。ドゥダンミンとは「独断」というような意味で、「私の話は全然スタンダードじゃない」と笑う。しかし生と死が身近につながった与論島の弔いの習俗を生き生きと伝えている。

この『ドゥダンミン』には、床上げを行う三十日祭の日を「シーニチ」と呼ぶとある。シーニチとは四十九日のことだ。さらに十日ごとの祭を仏式に「七日祭」と言ったりもする。

どうやら与論島では明治時代の廃仏毀釈後、葬儀の導師を神官が務めるようになった際、七日ごとの仏式の供養が、十日ごとの神式供養に変わったが、きちんと入れ替わったわけではなく、神式をベースにしながらも、仏式もごちゃまぜに混じり、なか

海の向こうから神はやってくる。ニライカナイの島、与論島

なかにややこしい。

正月ニゲー

与論島では死期が近づくと、多くは自宅に戻し、家族が看取りをするという。なぜなら「畳の上で死ねないことは異状死と考えるからです。病院で亡くなると、そこに魂が居着くといわれ、喜ばれません」と竹下さんは言う。

同様に海難死した場合も、魂が海に居着くと言われ、そのままでは成仏できないとされる。そこで与論島では、その魂を鎮めるための祭りを行っている。正月の早朝、元旦祝いに先立ち行うことから、これを正月ニゲーと呼ぶ。ニゲーとは願いということだ。なぜ正月元旦なのか、『ドゥダンミン』によると、「その日だけ海底の極楽浄土の神さまに（海難死した人が）願い出て子孫のところに戻る」からだという。

沖縄と同じように与論島では、海のかなたや海底に極楽浄土があり、そこから神がやってくると考える。この来訪神信仰をニライカナイという。

竹下家でも、何代も前に海難死した人の正月ニゲーをしてきた。毎年元日の朝、分家した男系だけを招き、竹下さんを祭り人として祝詞を読む。線香を三回あげ、三度目の線香が尽きたとき、門に出て酒・花をお供えする。ただ竹下家でもこの風習は途絶えたという。

与論島では今でも自宅で死なせてあげたいという気持ちが根強く、家族みんなで家で看取ることが通例になっているという。自宅死ができるのは、その風習に深く共感し、支える往診医が存在することにもあずかっている。島外からやってきたその医師は、与論島を「魂の島」と呼んでいるという。

風葬墓所ジシ。サンゴが石積みされ、ガジュマルが根を張る

ハミゴウ遊び

前出の竹盛窪さんの案内で、同氏の一族の風葬墓所ジシを訪ねた。島の中腹部に、サンゴが石積みされた城壁のような門構えの入り口がある。入り口門の上のほうには、ガジュマルがサンゴに根を張り、守り神のようにあたりを睥睨《へいげい》している。

ジシの入り口の地面には、食べ物と水が供えられている。後ろのほうの空きスペースには、風葬時代、亡骸が朽ち白骨化するまで棺が据え置かれた。その奥のほうの洞窟には、無数の頭蓋骨と、白骨を納骨したいくつかの甕が所狭しと置かれていた。竹さん一族も

ハミゴウの風葬墓（上）。洞窟の中には、おびただしい数の白骨が折り重なっていた（下）

やはり、旧暦三月二十七日には、ここへ墓参りするという。

この後、島の南端のハミゴウの風葬墓と呼ばれるところを訪ねた。ハミゴウとは、神濠と書く。与論島の外周を巡る道路沿いから海の向こうには、沖縄本島の北端、国頭村《くにがみそん》がすぐ目の前に見える。振り返ると見上げるような高さの崖っぷちに、ハミゴウの洞窟がいくつも穴を穿《うが》っていた。

ハミゴウの風葬墓は、琉球王朝の神女、ノロの風葬墓とも言われる。沖縄本島から海を渡ってきたノロたちが、亡くなった後、この洞窟で風葬されたという。

険しい山道を登っていくと、洞窟の中に無数のノロの頭蓋骨があった。別の洞窟にはノロの石棺が納められていた。この風葬の洞窟で、昭和の初めごろまで、若い男女が集まり、三線と踊りに興じたという。これをハミゴウ遊びと呼ぶ。ハミゴウ遊びは、天岩戸神楽にちなんだものという。

沖縄の民俗学者、伊波普猷の『南島古代の葬制』に、「生前の遊び仲間の青年男女が、毎晩のように酒肴や楽器を携えて、之を訪ずれ、一人一人死人の顔を覘《のぞ》いた後で、思う存分に踊り狂って、その霊を慰めた」と書かれている。この沖縄・津堅《つけん》島の風葬地の記述が、長年気になっていた。まさか本当にこんなことがあったのだろうか。ハミゴウ遊びの話を聞いて、その疑問が解け、ようやく合点がいった気がする。

3　与論島の仏教寺院の役割

与論島の仏教伝来

与論島の中央に位置するハジピキバンタの丘に立った。ハジピキバンタとは、その昔、航海中の舟の舵がサンゴ礁の岩場に引っかかったとみるや、みるみる隆起して島ができた、という与論島の誕生神話にかかわる小高い丘である。

眼下にサトウキビ畑が風にゆれた。丘に菩提樹が植えられ、その下のほうに釈迦の石仏が手を合わせている。与論空港に近い茶花海岸で発見された釈迦像という。

「与論島の弔いは一見、神式のようでも、仏教の要素がいっぱい見え隠れしているんです」と、真言寺院の海圓寺、市来《いちき》快延《かいえん》住職（七十二歳）は言った。同寺は一九八〇年（昭和55）に建立された、与論島に現存する唯一の仏教寺院である。

一般に沖縄本島を含む南の島々に、仏教はあまり広まらなかったといわれる。事実はどうなのか、与論島の弔いにおける仏教の果たした役割を見ていこう。

市来住職によると、海圓寺以前の与論島の仏教寺院というと、百年以上前にさかのぼる。その寺をアガリディラ（東寺）といった。東寺という呼称は、与論島に昔あった菅原神社を西寺として、東にあった寺という意味だ。アガリディラは通称にすぎず、与論島に伝わる同寺の住職の末裔の証言や代々の島民の伝承では、琉球王朝の官寺、円覚寺の末寺といわれている。

円覚寺は古琉球王朝の黄金時代に尚真王が建立した寺で、アガリディラはその末寺として、十六世紀初めに建立されたという。

『与論島郷土史』によると、江戸時代までアガリディラの住職の指導の下、与論島民の葬儀はみな仏式で行われたようだ。

しかし明治時代になり、神仏分離令とそれに続く廃仏毀釈のために、アガリディラは廃寺となった。それ以来、同寺の存在は謎に包まれていた。

今からおよそ二十年前、茶花海岸の工事中、謎の石仏が発見された。高さ約三十センチの石仏は、宝永六年（一七〇九）と刻まれた釈迦牟尼仏ということが判明した。上部が四方砕かれていたことから、廃仏毀釈の嵐に揉まれたことが想像され、そのことが与論島民にアガリディラの記憶を呼び覚ました。その石仏がハジピキバンタの丘に置かれた釈迦像である。

神式葬か、仏式葬か?

与論島の弔い事情は、明治初めの廃仏毀釈と一九〇二年(明治35)の風葬禁止令という、上からの二つの強制によって大きな変貌を強いられたといえる。しかし神式葬儀に移行させられたとはいえ、現在の島民の弔いは、神式の三十日祭を「四十九日(シーニチ)」と呼ぶように、仏式の要素が入り混じっている。

さらにまた、与論島の人は三十三回忌をサンジュウサンニンキと呼び、とりわけ大切な法要の一つとしている。

三十三回忌は、仏教の十三仏思想を拠り所にした行事である。十三仏思想は、初七日は不動明王に、閻魔が裁く五七日《いつなのか》は地蔵菩薩に相当するといった具合に地獄の審判者を諸仏になぞらえたものである。初七日から四十九日まで七仏、その後百箇日、一周忌、三回忌、七回忌、十三回忌、三十三回忌までの六仏、都合十三仏による審判が繰り返されるので、三十三回忌までの追善供養が大切であるとされる。

与論島の弔いに仏教が深くかかわっていることは、通夜の風習にもうかがえる。通夜の一晩の間に、故人の着物を七度着せ替えさせるという習わしだ。七は仏式の供養を連想させる。

「与論島に、あの世へ行くのに七つの門をくぐらねばならないという言い伝えがあります。七回着せ替えるということは、その都度新しい衣装に衣替えして門をくぐるということで、四十九日までの七日ごとの行事を表しているのではないか」と、市来住職は推測する。

『琉球風俗絵図』の中の「葬礼ノ図」には、明治時代の沖縄の仏式の葬列の模様が描かれている。

その絵を見ると、葬列の先頭に四本幡らしき四本の白い旗、導師の僧、位牌持ちなどが続き、その後には棺と棺の上にかざす仏式の天蓋が描かれている。天蓋はティンゲーと呼ばれる。最後尾には、ニンブチャー（念仏者）という沖縄独特の民間の念仏僧が、鉦を叩いている姿も見える。

この絵図を見て、市来住職は「おそらく与論島でも廃仏毀釈までは、このような仏式のお葬式を行っていたのでしょう」と言う。

捨てられた風葬白骨を供養する

市来住職は一九四八年（昭和23）、与論島で生まれた。当時島に高校はなく、奄美高校に入学したが、中退。東京の日比谷高校の夜間に進んだ。卒業後は大学進学を目指し京都に向かった。長髪のヒッピー青年だった。

偶然、真言宗の根本道場、東寺に立ち寄り、客殿の板敷で講義を受ける若い僧侶たちの、寺子屋のような光景に心を動かされた。東寺の経営する種智院大学という真言系の大学だった。迷わずその大学に入学した。在学中に高野山で得度したが、その後縁あって真言宗醍醐派の総本山、醍醐寺で修行した。しかし在家の僧である市来さんに戻るべき寺があるわけでなく、インドを数年放浪。

「無事戻って来られたら、与論島に寺を建てよう」と誓いを立てた。それが現在の与論島唯一の寺、海圓寺である。

沖縄や南島の島々には檀家制度は定着しなかったといわれる。海圓寺にも檀家はない。それでも、これまでに何回か与論島で仏式葬を行った。一族の風葬墓所を持つ竹さんは、急死した弟のために、市来さんに導師を頼んだ。

「ぼくの家に仏壇はありませんが、もともと仏教に違和感があったわけではありません。住職と会い、仏教も先祖供養を大切にしますと言われ、その一言で信頼するようになりました」と竹さんは言う。

市来住職のもう一つの志は、「島のあちこちに捨てられている白骨を拾い集め、追善の供養をすること」だという。

与論島には一族の風葬墓所ジシに納骨された遺骨以外にも、伝染病などで風葬地まで運び込むことができずに放置された無数の白骨があるという。それらを拾い集め、ハジピキバンタの丘で供養する計画だ。

現在、この丘を境内とし神仏が集い遊ぶ所として「亜舎祇《アシャギ》」と名づけた高台を築き、奥のほうに釈迦如来像を安置。像の後方に珊瑚でできた納骨堂を建立している。そこに打ち捨てられた骨片も収めている。また島外に住んでいても与論島に縁があり、与論島の土と化したいと願う人のお骨の小片も収めている。供養は年に一度、旧暦の七月十六日に行っているという。

第四章　土葬、野辺送りの怪談・奇譚

1　奇妙な弔いの作法

死枕を蹴る

日本の葬送史は、古代天皇の風葬、死体を捨てるだけの遺棄葬を経て、土葬や火葬へと千年以上の歳月をかけて変遷した。その間に血のつながった遺族だけが弔いをするのではなく、共同体の人々が助け合って葬儀をする方法が発達し、先祖崇拝を中心にした弔いの風習が成熟していった。

一九三三年（昭和8）、月刊誌「旅と伝説」七月号で、「誕生と葬礼号」が編集された。俗に葬礼号と呼ばれる。葬礼号では、全国各地の郷土史家が葬送習俗の報告をしており、この報告を基に柳田国男が葬送習俗を体系化、一九三七年（昭和12）には、その集大成でありお葬式事典とも言うべき『葬送習俗語彙』が刊行された。

葬礼号には、今では想像もつかない、怪談・奇譚に分類されてもおかしくないような弔いの風習までが収録されている。「旅と伝説」葬礼号を中心に、戦後の民俗学者の報告や私の調査も加え、奇妙な土葬・野辺送りの習俗を紹介していきたい。

『葬送墓制研究集成　第二巻〜葬送儀礼』の「死の前後の呪術と儀礼」には、隠岐の国に死者が出たとき、「家人と親戚が故人の周囲に集まり号泣しつつ『シニマクラ(死枕)』を足で蹴り外してから湯灌《ゆかん》に取りかかる」とある。

死者の寝ている枕を蹴るとは、現代人の感覚ではちょっと想像しにくい。なぜそのような異様な行為をしたのだろうか。死者の身内の者が死枕を蹴飛ばすのは、死霊の宿る死体に触れることを極端に恐れ、自らを守ろうとする衝動であったとされる。

異様な光景の報告はさらに続く。出棺のときに近親者は棺桶のふたを取り、餞別を死者の携帯する財布に入れてやったという。このとき女性の涙が死体にかかることを忌み、喪主は警戒の目を光らせる。冷静な分別ある者が、釘と金づちを持参し、慟哭する女性たちを追い払い、棺ふたを釘づけした。

涙を止められた女性たちも別段不満を言うわけではなかった。野辺送りの段になると、たとえ雪の日でも、裸足で葬列に加わり、棺を担ぐ役につき従いつつ、墓場まで歩いたという。

死枕を蹴飛ばすという風習は、意外にも各地に残っていた。柳田国男の門下で、異端の民俗学者と言われた中山太郎は、高知県長岡郡豊永郷（現・大豊町）の葬儀で、「死人あれば、身近き者死人の枕を蹴外し少しく寝所を移すなり」という風習があることを見つけ出している。

その際に蹴飛ばした後の死枕の扱い方もまた、たいへん変わっている。死枕を墓地まで持ち歩いて、故人を埋めるここぞという場所に、枕を据え置いたというのである。そして「地神様より六尺四面買取り申す」と述べ、銭四文を投げた。この中山が見出した弔いは一八七一年（明治3）の記録という。

死霊のこもる枕をわざわざ墓地まで運んだうえで、墓の地の神に土地を買い取る交渉を直談判したわけで、記録には「これ地神を汚さぬ為めなり」と書かれている。

弓をつがえる弔いという文字

異端の民俗学者、中山太郎は、弔いという字は、大昔、人が弓を携えて葬儀に参列したことに由来し、葬礼に弓を用いる習俗が実際に各地に残っていると述べている。

死枕を蹴った前述の高知県の野辺送りにも、竹の弓矢を持つ弓持ち役がいたという。弓持ち役は、墓地に着き棺を埋めるとき、棺を覆っている着物を弓の先に引っ掛けて取り除いた。その次に死枕が棺ふたの上に置かれる。その後、弓持ちは全く奇妙な行動を起こした。

埋葬がまだ完全に終わらないうちに、誰よりも先に喪家に立ち帰り、大音声で「宿借り申そう」と叫んだのである。留守居の者が内より「三日あとに人質に取られて、宿貸すことは出来申さぬ」と答える。弓持ち役は再び、「然らば艮《うしとら》鬼門の方へ、世直り中直りの弓を引く」と言い、矢をつがえ、家の棟を射越した。

弓持ち役と留守居役との奇矯な、しかし型通りの問答には、どんな意味があったのだろうか。弓持ち役は亡者のために宿を借りたいと申し込むが、留守居役が死穢のこもる亡者に宿は貸せぬと応じたところ、邪悪な鬼や死霊の出入りする鬼門の方角に死の穢れを払う矢を放った――。想像するに、生者の住まう家の中に死の穢れを持ち込まないための厳重な作法なのではないだろうか。弓持ち役は、弔いを滞りなく執行する役目があったと考えられる。

これには異常な弔いの風習を熱心に収録し続けた異端の民俗学者も驚嘆し、採録にあたって「余り他国に類例がないので資料としても珍重すべきもの」と記している。

泣き女の一升泣き

今ではめったに見かけなくなった古い弔いの習俗に、泣き女がある。中山太郎は一九三一年（昭和6）発表の「本朝変態葬礼史」（所収『タブーに挑む民俗学』）の中で、「石川県江沼郡橋立村（現・加賀市）では死者に最も親等の近い婦人が、白帷子《しろかたびら》を被って号泣しつつ葬列に従うがこれを帷子被りと云うている」、また昔は「種々の繰言を云って慟哭したものだが、漸く廃れて今は稀れになった」と述べている。

柳田国男は『葬送習俗語彙』のなかで、泣き女について「葬列に哭女《なきめ》をつける。与える米の量によって一升泣、二升泣の別がある」と述べている。

中山太郎は「（泣き女は）死者の身近き者が当ることになっていたのが、時勢とともに（中略）半営業とする婦人を雇うようになった」と泣き女が職業化したとしている。さらにもう少し踏み込んで、泣き女の泣き方の具体例を挙げる。

「その泣き方は入念のものであって、霊柩が家を出る時から泣き始めて、死者の生前の家庭生活の内面を巧みに泣き語り、特に若い漁師が結婚後間もなく遭難した場合や、また愛児を残して永眠した場合などには、泣女の言々句々、悲痛を極めて」云々

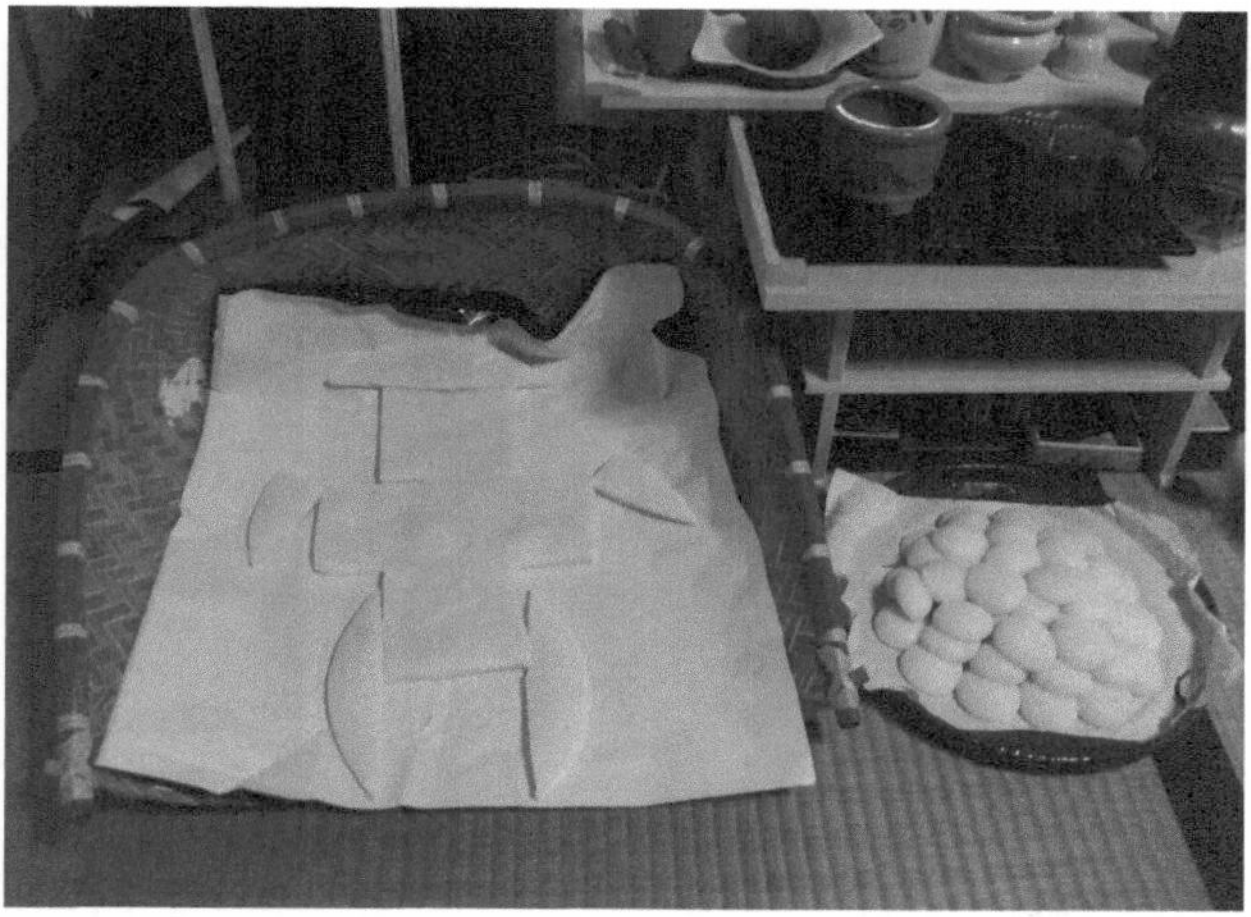

笠モチを切り分けると、死者の体になぞらえたヒトガタができあがる

と書いている。

ヒトガタモチ

六年前、私の母が亡くなり、四十九日の忌明けの法要が行われたときのことだった。

仏壇のある部屋に身内、ご詠歌講の老女が集まった。ご詠歌講とは鈴《りん》を振りながら哀調を帯びた節回しで、仏の徳をたたえた葬送念仏を歌う、浄土宗の信者などの年長けた女性グループのことをいう。

母の祭壇の前には、笠モチという径約三、四十センチの楕円形の餅が供えられていた。

勤行が終わると、老住職は笠モチを包丁で切り分けた。餅が頭、胴体、二つずつの手足に切り分けられると、ヒトガタの餅ができあがった。ヒトガタは母の体になぞらえている。

西国三十三所観音霊場巡りのご詠歌を歌った老女たちは、餅を食べ始めた。「わたしは頭が悪いから頭をもらう」「わしはリウマチだから足をもらう」と口々にはしゃぎながら。

その光景を見ながら私は、『神、人を喰う――人身御供の民俗学』（六車由実著　新曜社）を思い出した。同書は、祭礼における人身御供と食人風習との関係について書かれている。実家での老女たちが、人を喰う山の神か日本の太古の神々に重なって見えた。

柳田国男は『葬送習俗語彙』に、近親者が食べる笠モチの風習のことを、死者との「食い別れ」の行事だと書いている。私の実家は京都市の片田舎の割に土葬は早い時期に消滅していたが、淵源をさかのぼれば食人伝承につながるような古い弔いの風習は、しぶとく温存されていたのである。

真肉親類と脂肪親類

一九三三年刊行の「旅と伝説」葬礼号は、八重山列島の習俗として、食人の風習について収録している。少し長いが、そのまま引用する。

「八重山では人を葬ることを『タビ』すると言い葬式に行くことを『ピトカンナ』(人を噛みに行く)或は『ピトウクンナ』(人を送りに行く)などと言っているが口碑によると原始時代には人が死んだら親類縁者は集って死人を焼いたり、或は生で食った風習があったが其後これは非道なる事を悟り其の代りに牛、馬、豚、山羊等の肉を食い、以って其食人の蛮風を矯正したといい伝えている」

さらに食人伝承の叙述は続く。

「今から四百五十年前西表島の慶来慶田城祖納堂用庶なる英傑が与那国島を始めて発見した。当時与那国島では喰人の俗があったので、彼の用庶氏は其非人道なる行為を島人に説き戒め以って其の風習を強制的に断禁したと伝えている」

この記録の報告者は、沖縄の民俗学者、伊波普猷の『南島古代の葬制』も引用している。

それによると、「昔は死人があると親類縁者が集って其の肉を食った後世になって其の風習を改めて人肉の代りに豚を食うようになったが、今日でも近い親類のことを真肉親類といい、遠い親類のことを脂肪親類と云うのは斯ういう処から来た」とある。

民俗学者、中山太郎は『タブーに挑む民俗学』の「屍体と民俗」の中で、昭和の初め静岡県の沼津近在の村々で、遺族または親族が、死人を焼いた骨をかじる風習が行われていたと書いている。

中山の聞き取り調査によると、火葬場で親族が亡くなった女性の骨をかじるのを見た他県の翁が驚き、この行為をなじると、親族は「死なれたお方が温順で貞淑で、如何にも婦人の鏡とも云うべき為人《ひととなり》であったから、せめてはそれに肖《アヤ》かるようにこうするのだ」と答えたという。

別れの水杯

出棺前に親族が集まり、盃を交わすことを「出立《でた》ちの盃」という。遺族間で出棺前に酒を酌み交わす弔いの風習は全国各地で採録されている。

ところが滋賀県長浜市川道の村では、真宗門徒の遺族と導師を務める僧との間で、水杯を交わした。これはかなり珍しい。地元では「別れの水杯」と呼び、今もこの奇習は続いているという。三年前、この村に長期の滞在をしたとき、何人かの村人から聞き取りをしたので、そのとき教えてもらった別れの水杯の作法を伝えておきたい。

お葬式の出立ちの朝、導師は玄関ではなく、縁側から入り、そこから葬儀を行う部屋に案内される。葬儀祭壇に向かって右に喪主が、左に導師が座る。喪主は三番叟《さんばそう》と呼ばれる白いだぼだぼの忌中の装束を着ている。喪主、導師はどちらが上座という上下の感覚はないという。

祭壇のすぐそばに座る喪主と僧の間には、両人の仲立ちとして、葬儀委員長を務める長老が着座する。

喪主、僧の間には三方《さんぼう》が据えられる。三方には水の入った徳利、豆やさいの目に切った豆腐などが肴として盛ってある。

この席で、喪主と導師が水杯を交わす。聞き取りをした村人の証言では、「死人に代わって喪主が僧に葬儀が滞りなく行われるようにお願いするため」という。

しかしそれだけの意味だろうか。水杯を交わすこと自体、一期一会の匂いが濃厚に漂う。地元の住職はこう言った。

「北陸と大坂を往来していた浄土真宗の蓮如上人の時代、今のように寺を持たないで諸国を行脚していた聖がたくさんいました。そういう真宗系の遊行聖がたまたま立ち寄った湖北の村の弔いで導師を務め、一期一会の盃を交わした。そんな感じがしますね」

そう言われてみれば確かにそんな気がしてくる。長浜市の寺は現在、真宗寺院が多くあるが、もともと天台宗の寺院だったところが多いという。湖北地方で弔いの行事を行っていた真宗系の遊行聖が、やがて天台寺院に定住するようになったということも想像される。

敷き流し

人が亡くなると身内が真っ先にしなければならないことは、死の床を整えることだった。これを枕返しという。死んだ寝室から遺体を置く場所を納戸に移したり、その場所に逆さ屛風を立てまわしたり、死者の枕もとに枕飯、線香、一本花を立てることなども枕返しの作法である。

『葬送習俗語彙』には、枕返しは「又オギョウギという名もある。死体の下肢を曲げて入棺に便ならしめる故に御行儀である」とある。冒頭の南山城村の納棺の項で述べたように、遺体の膝を折っておかないと、座棺に納棺することが困難なのである。同じような意味で「枕直し」は「普通は此時に特に北枕西向きに（死体を）寝させる」と書かれている。

また讃岐三豊郡五郷村（現・香川県観音寺市）では、死の床を整えることはおろか、部屋の畳ごと並べ替えてしまうという。これを「敷き流し」という。

敷き流しのすこぶる奇妙なのは、一般の家庭の普通の畳の間を、柔道の道場のように全部縦に並べ替えたことである。よく考えてみればわかることだが、畳は道場の畳のように一律に縦に並べるほうが並べやすい。にもかかわらず、一般の家庭ではなぜあのように複雑巧妙な畳の並べ方をしているのか。それは複雑な畳の並べ方のほうが日常の作法で、縦に並べるのは凶事のサカサゴトだからなのである。一般民家で日常、畳を縦に敷くやり方を忌む理由は、この敷き流しの風習を見ればよくわかると、柳田国男は述べている。

死体を柔らかくする俗謡

「旅と伝説」の神奈川県津久井郡地方（現・相模原市）の葬礼の報告に、死体を柔らかくする民間の知恵が紹介されている。

「永の煩いにしろ、急病にしろ、薬石効なく愈々《いよいよ》幽明境を異にしたとなると、その耳元へ口を寄せて『南無妙法蓮華経』と唱える。こうするとその屍体は硬直状態にならない。鶯は常に『法華経《ほけきょう》』と鳴いて居るからその屍が軟かであるといわれて居る」

なんだか騙されたような気になる記述だが、「万一屍が硬くなって手足を曲げることの出来ない時には、法華信者等が経文を誦して軟かにする」と法華経の効用を述べている。

実際、私は法華経信者から、死者に対してこのお経を一心に唱え死体が柔らかくなったという話を聞いたことがある。

これ以外で、死体を柔らかくする方法として、報告者は、真言の土砂加持の作法をあげている。それを伝える民間の知恵として、たとえ話に俗謡を引っ張り出して、土砂加持の効用を直截に述べている。

摩羅がおったったら天平棒でどやせ　それできかなきゃドシャかけろ

この土砂とは真言宗で護摩を修して加持したものであるが、そのような厳かな宗教儀礼を経たものを使わなくても普通の土で十分と報告者は言い、「人間は元来土から出来て土に帰るものであるから、如何に硬くなった屍でも、土をかければ軟くなるものである」と結んでいる。

身もふたもない記述なのだが、少なくとも死体と向き合ったときの、屍を和らげる苦労だけは伝わってくる。

いちおう『岩波　仏教辞典』から、正式な土砂加持の功徳をあげておくと、「光明真言を誦して加持した土砂を亡者の死骸・墓・塔の上などに散じると、たとえその亡者が地獄・餓鬼・畜生・阿修羅の世界で苦しんでいても、この土砂の功徳により光明を得て極楽浄土に往生し菩提を得る」とある。

めでたいもめん

私がはじめて土葬の調査に着手したのは一九九〇年代の初め、大阪府豊能郡能勢町

喪主は白い裃、夫人は白い衣装に被り物で参列

の聞き取りからだった。最も印象深かったのは、遺族の着る白ずくめの死に装束である。喪主を務めた男性は「私は位牌を持ち、白い着物に白い袴をつけ、頭に白い三角の布をつけました。家内は白ずくめの着物に、頭から白い被り物をすっぽりとかぶり、昼飯《ひるめし》という死者の食膳を持ちました」と語った。

その白い姿は怪談映画やお芝居に出てくる幽霊の姿そのままである。遺族近親者は明らかに死者になりすました格好をしている。

この昔の弔いに必須の衣装は、白色なのになぜか「色着」と呼ばれている。『葬送習俗語彙』には「喪主乃至は近親の喪服をイロと称する所は広い」とあり、「イロは恐らく白の隠語であろう」としている。

仏教民俗学者の五来重は『葬と供養』（東方出版）の中で、イロ着の「イロ」は「倚《い》盧《ろ》」としている。古代天皇の殯《もがり》葬で、倚盧と呼ばれる風葬墓所の喪屋で、親族が倚盧着を着て籠ったのが、イロ着の始まりだろうと推測している。ちなみに今でも天皇の崩御に当たって、皇太子が倚盧という小屋に籠って喪に服する、倚盧殿の儀という儀礼が行われるという。

近親者が白ずくめの衣装を着ることで奇妙なのは、この弔いの着物を「めでたい木綿」という呼称で呼んでいた地域があることだ。『葬送習俗語彙』には「佐渡では葬儀に用いる木綿を目出度い木綿という。目出度い布という語もある（中略）。凶事を吉事と表現することは古くからあった」と書いている。

つまり葬礼を、人生の祝いごとの一つと表現しているわけである。落語の『猫怪談』にも、与太郎の父親が亡くなったとき、長屋の大家が、「おめえのオヤジがおめでたくなったそうだな」と出てくる。高齢で長寿を全うした人のことをめでたいという場合もある。浄土真宗のある村では、弔いに赤飯を炊いて祝ったと真宗僧から聞いたこともあった。

なぜ家族だけが弔ってよいのか

ところで亡くなった人は白の死に装束を左前に着る。左前とは、向かって左の合わせの部分が上になるような着方のことで、日常、普通に着る着物の着方とは逆である。

遺族や近親者が白装束を着ることが、死者になりすますという意味があるとすれば、着方も死者と同様に、左前にしたのだろうか。

この疑問がずっと気になり、土葬の聞き取り調査に行った先々で、尋ねまわったことがある。「確かに左前に着ました」という人から「生きている人間はそこまで死人のマネはしません」という人まで証言はまちまちだった。

『葬式~あの世への民俗』(青弓社)という写真集を出した須藤功氏の写真を見ると、女性は白ずくめの衣装を左前に着ていないことがわかる。しかし私が入手した滋賀県野洲市の野辺送りの写真に写っていた男性の白装束をよく見ると、左前に着ていた。

細かい詮索はこれぐらいにしておこう。だとしてもなぜ近親者は死者同様の格好をしたのだろうか。これは死に装束をまとうことで、死によって生じるケガレを一身に背負ったと考えられる。

そのことについて『中世民衆の葬制と死穢〜特に死体遺棄について』(勝田至著「史林」第70巻第3号　一九八七年五月)は、死者と、血のつながった家族とを合わせて「死装集団」という概念を用いて説明している。そこには死のケガレを伝染病のように恐れた中世社会において、血縁家族だけは死に装束をまとい、死を恐れずに弔うという行動規範が生まれたとしている。

ただ家族だけで弔うため、棺を担ぐにせよ、葬地まで運び埋葬するにせよ、やれることには限界があった。血のつながった身内だけでは十分な弔いをすることができず、そのために中世社会では遺体を捨てるだけの遺棄葬が多かったと考えられる。

しかしその後、村落共同体が発達し、死穢の観念も薄れることで、村全体でお葬式を執行するようになるまで弔いの風習は成熟した。

しかし、それでもなお家族だけが弔いを主宰していいとする規範は残った。今でも普通、お葬式は家族が主宰することになっている。新しい弔いの風潮として友人が弔う弔い方もあるにはあるが、まだまだ稀である。

私は二十年前、肝臓がんで亡くなった年上の友人を、友人葬で送ったことがあった。そのとき大変だったこととして、例えば、火葬場で遺族でなければ遺骨の引き渡しに応じてくれないということがあった。幸い、友人の息子がただ一人弔いに参加していたので、息子が遺骨を引き取るという条件でことなきを得た。火葬場によっては友人でも遺骨の引き渡しに応じてくれるところもまったくないわけではないようだが、家族だけが死者を弔っていいという規範は今でも生きているのである。

兵五郎の怪談

死者の枕辺に魔よけとして刀、鎌、箒などを置く風習は各地にある。「旅と伝説」の神奈川県津久井郡地方の葬礼報告には、猫が屍をまたぐと、蘇生し千人力の力を得て猫股という妖怪になる。枕辺に箒を置くのはこれですぐに叩くと化けて出ないからという。

神戸市布引附近の葬礼報告には、墓地に住む蛇、狸、キツネが化けて出る話が出てくる。その墓地の上に屋敷があって、夜ここで寝ると蛇がたくさん出てきて寝られない。それを防ぐために、枕もとに刀や鉄の棒を置いて寝ると、出てこなくなったという。

　六甲山地の中央に位置する摩耶山麓杣谷《そまだに》の川辺の墓地には、兵五郎というキツネが出没するという話も「旅と伝説」に掲載されている。灘の人が墓参りに行き、塚穴を覗くと兵五郎が出るという。兵五郎が出るとゴーと音がしてその場でめまいがしたという。そこで墓地の竹やぶの陰に兵五郎を祀った稲荷祠を作ったが、それでもキツネは出たという。

「子供が稲荷の垣に登って竹を取っていたところ、狐がちらと見たのか何か光が差したのでびっくりして家に逃げて帰ったら、ひどい熱が出てふるえが来たという話も聞いております」という具合に伝承されている。

ぼうじ（墓字）

　人が亡くなっても、魂は消滅することなく、輪廻し生まれ変わるという伝承も各地に多く残っている。

「旅と伝説」の石川県鹿島郡地方の葬礼の報告に、土葬の際、死者の腋の下に墨で名前を記しておくと、その人が再びこの世に生まれ出るとき、その文字が浮かび上がるという。これを「ぼうじ（墓字か）」と呼んでいる。

ぼうじは、最初に埋葬した墓地の土でこすり取る以外に、絶対に消すことができないという俗信がある。

「五十余年前の事であるが、私の村で多田某という学ばずして書画に巧に何一つ出来ぬことのない驚くべき天分を持った人の亡くなった時、密にぼうじを記して埋めたが、間もなく能登輪島の貧しき家に生れ出で」、その家人が人知れず最初に埋葬された墓の土をもらいに来たという話が伝わっている。

この報告者は「三昧（墓地）は怪談の醗酵地である」と述べている。

別のぼうじの例では『葬送墓制研究集成　第一巻〜葬法』の「特殊葬法」の篇に、奈良県御所市南窪の子どもの生まれ変わりが挙げられている。

このケースは、埋葬された死者の腕ではなく、死んだ幼児の足の裏に字を書いた例である。生まれ変わった子は成長してりっぱな尼になったといわれている。しかしまったく逆の例もある。

「或る財産家で子供が死んだので、可愛さの余り、どんな所に生れ替るかと思って、シルシをつけてやったら、身分の低い平民の家に生れて来た。良い所へ生れ替れば良いが、こんなことがあるから、死んだ子には、シルシなどつけてやるものではない」などと書いている。

魂呼ばい

夏目漱石は、四十三歳のとき、胃潰瘍の大喀血で人事不省になり、約三十分死のふちをさまよったことがあった。生還後、「……そうして余の頭の上にしかく卒然と閃いた生死二面の対照の、如何にも急激でかつ没交渉なのに深く感じた」と書いている。いわゆる漱石の「修善寺の大患」でのことで、『思い出す事など』に収録されている。

あの世とこの世はかくもかけ離れた世界にあるが、弔いの風習に、いまわの際の病人を呼び返す方法として「魂《たま》呼ばい」という風習がある。

「旅と伝説」の京都府舞鶴地方の葬礼の報告に、大切な人が死に瀕したとき、屋根の上に上がって大声で呼び返すと生き返って達者になることがあるという。

この報告者は、臨死体験者が魂呼ばいで戻ってきた逸話を紹介している。

「お花さんという婆さんの話に、花の沢山咲いた綺麗な野原を緋の衣をきた坊さんに導かれて歩いて行くと後から自分の名を呼ぶ声が聞えたのでフト振向く途端に気がついた」という。

この蘇生譚を引用し「もうあかぬと思っても一応屋根の上から或は枕元から呼びかえしてみねばならぬ」と、魂呼ばいの効用を述べている。もっとも生き返った人はどんなに達者になっても長生きはしない。「せいぜい二三年の中に死ぬ」と警告している。

『葬送習俗語彙』には対馬阿連《あれ》部落では、病人が死んでしまった後、ホトケに向かって「あの世に行かにゃならんから、此世にうろつくな、あとあとが栄えるように祈って居れ」などと死者に鞭打つようなことを言う。魂呼ばいは、この世に戻すだけでなく、死んで子孫の繁栄を願うように、あの世へ追い立てる場合もあるわけである。

魂呼ばいは、一〇二五年、藤原道長の娘、尚侍嬉子《きし》の死の際、陰陽師が屋根の上で行ったという記録が残っている。魂呼ばいは昔から数多い弔いの風習の一つである。

近年この風習はすっかり聞かなくなったが、大阪の葬儀社社長は「九〇年代まで、大阪の在日コリアンの間で残っていました」と証言する。身内の誰かが亡くなると、屋根のできるだけ高い所に登って、故人の衣服を振りながら、名前を三回連呼したという。

この証言で面白いのは、屋根の上まで登ることが面倒になってくると、ビールケースのような台でもよいから、少しでも高い所で呼べば良いことになったことだ。そのころから、在日コリアンの魂呼ばいの習慣もなくなっていった。

死者を呼び戻す作法とは逆に、危篤の病人をあの世に往生させる作法も存在した。平安時代の貴族、藤原道長は死期を悟ると、九体の阿弥陀如来の手と自分の手とを糸でつなぎ、北枕西向きに横たわり、西方浄土を願いながら往生したといわれる。

驚いたことにこの平安時代の風習は、およそ五十年前、私の実家で行われたことがある。私の母の叔母が亡くなる間際、仏壇の阿弥陀像と叔母の手を糸でつないだ。母の叔母は「来てはる来てはる」と言いながら、静かに息を引き取ったという。

この光景はよほど皆の心に沁みたのか、実家で法事があるたびに、語り継がれている。

湯かん水の処理

湯かんは水に湯を注ぐことを原則とする。これは全国の弔いの風習に共通する。湯かん水を作る水の汲み出し方にも作法があったようである。「旅と伝説」の喜界島の葬礼報告によると、湯かんに用いる水は、必ず山の川水を汲みに行く。その際に汲みに行く者は三人と決まっており、水の汲み方にも手間のかかる作法があった。「柄杓を水の流れる方に向け、即ち上流から下流に向けて掬《すく》い汲みにする」という。普通、上流から流れてきた水を下流でひしゃくを使って汲み取るものである。その逆の方法で水を掬いとるわけだから、確かに手間のかかる水汲みである。

この水は家に持ち帰って、庭で沸かし、家の井戸水を混ぜた。このときもたらいにまず井戸水を入れ、沸かした湯を後からそそいだという。

この湯かん水で遺体を拭うのだが、滋賀県長浜市の伊吹山のふもとの村では、拭うのにもうるさい作法が存在した。

その村の湯かんの際には、亡くなった人が生前着ていた肌襦袢《はだじゅばん》の袖をもいで、この片袖を使って湯かんした。片袖は亡き人が男性の場合は右袖を、女性の場合は左袖と定められていたという。

片袖をもいだ肌襦袢は、葬儀後、川で洗濯されたあと、十字にした青竹に通して腰部分を麻縄で縛り、家の裏の軒高く掲げられた。この片袖のない奇妙な肌襦袢を地元の人は「ふるさと」と呼んだ。

ふるさとは四十九日間揭げられ、風雨にさらされ、飛び散ると「早くホトケさんになった」と喜んだという。

湯かん後の湯かん水の処理の仕方にも、各地でさまざまなルールがあった。「旅と伝説」福岡県大島の葬礼報告には、「湯は便所か海に陽を避けて棄てる」とある。島根県伊原村の報告では「湯かんした水は床下に流す」という。

私の聞き取り調査では、滋賀県犬上郡甲良町金屋という村では、湯かんは深夜近くに行われた。湯かんのために遺体に触れた人は「そっと納戸を出て、村はずれの一番川下の決まった場所で身を洗い清めた」。湯かんに使った水は、墓に捨てたという。

滋賀県野洲市の村では、湯かんで使った水はひとまず捨てずに取り置いた。証言をした土葬経験のある女性によると、「葬式がなにもかも終わったら、取り置いた湯かん水を肥桶に入れて、サンマイ（墓場）まで担ぎました。湯かんにあまり水を使うと桶が重くなるので、なるべく使わないようにしましたね」と言って笑った。

2　土葬、野焼き火葬異聞

座棺の寸法　四二寸から生まれ四二尺にて死ぬ

人が死ぬと入る棺桶のサイズはどれくらいか。現在一般に用いられる寝棺の平均的な長さは約一・八メートル。大柄な人の場合、それより大きな特注サイズがあるようだが、火葬場の炉の大きさによって一定の制限がある。

それにくらべ、昔の土葬で用いられた座棺のサイズは地域によってかなりまちまちである。調べてみたところ、大まかに言って三種類ほどに分かれる。一つはすでに述べた。高さ二尺三寸（約七十センチ）、幅一尺八寸（約五十四センチ）四方で、それぞれ地蔵菩薩の縁日の二十三日、観音菩薩の縁日の十八日にちなんで作られている。このサイズの座棺は、滋賀県の調査でよく見かけた。

二つ目は、高さ二尺四寸四分（約七十三センチ）、幅一尺四寸四分（約四十三センチ）四方。このサイズのものは、「旅と伝説」の神奈川県津久井郡の報告に見られる。ただし「種々副葬品を入れると狭くなるので、規定より大きく作られる」という。

三つ目は、高さ四尺（百二十センチ）、幅二尺（六十センチ）四方で、滋賀県高島郡西《にし》庄《しょう》村（現・高島市）の葬礼として報告されている。三種類の座棺のなかでは最もゆったりしている。

「俗に四《し》二尺《にしゃく》と云います。人間は四寸二寸の穴から出て四尺二尺の箱に入る等よく冗談を云います」とある。

四寸二寸の穴とは女陰のことである。

京都府南山城村で見たように、死者の体のサイズに合わせて作れば良いが、座棺の寸法次第では納棺作業にたいへんな苦労を強いられることになる。

三種の座棺のサイズの中では、最初の地蔵菩薩・観音菩薩にちなんだ座棺と、二つ目の座棺が同じぐらいでかなり狭い。駄ジャレで作られた三つ目のサイズの座棺が最もゆったりし、自然の理にかなっているのがほほえましい。

「旅と伝説」には、岡山市外今村地方（現・岡山市）の葬礼報告として、亡くなった人を納棺する前に、生きている人が棺に入ってみるという話が書かれている。

「苦労性の人は、死者入棺前に、棺の中へ入ってふたをして貰って一寸寝て息を三息掛けて置けば死者に凡ての苦を持って行って貰えると云われている」とある。

仏教民俗学者の五来重は、同じような例として、火葬場に新しい釜ができたとき、生きている人が釜に入れば、以後長生きができるという俗信について述べている。五来は、生者がいったん死んだことにして蘇生するこの作法を、擬死再生の儀礼と名づけている。棺の中に生者が入る岡山の例も擬死再生儀礼の一つと思われる。

また鹿児島県十島《としま》村の葬礼報告では、死んでから棺を急造するのではなく、生前から箱型の長持を準備する例を挙げている。

「五十位な年輩になると大きな白木造りの長持を一つずつ持っていて、常には長持として使用し死んだときの用意をも兼ねるわけである」と述べている。

子どもの墓

子どもが亡くなった場合の弔い方には、一つ顕著な特徴がある。大人の葬儀にくらべて、ひどくぞんざいな弔い方をすることである。

「旅と伝説」の愛知県豊橋の報告によると、「嬰児が死ぬと多く床板をはねて椽下《えんのした》に埋めた」とある。三歳ぐらいの子が死んでも同様のやり方で埋めた。死んだ子の名前は次に生まれる子どもの籍にそのまま使った。そのために次男は、実年齢より数年年取った老人がいたという。

また愛知県豊橋の別の村の例では、子どもが死ぬと「ミジメ」といって、竹を割って丸く編み、それを子を埋めた墓地の上に立て、必ず魔よけの鎌を吊るしたという。滋賀県高島郡西庄村では、「赤ン坊が死んだ時には蜜柑の空箱に入れて母方の叔父が首へかけて(墓地へ)行きます」と報告している。

岡山市外今村地方では、「子供が死んだら、甕に入れ凡て土葬。盛土の上には、竹を細く割って、丁度目の荒い籠をふせた様に縦横十文字に突き差し」たとある。

二〇〇九年、滋賀県野洲市での私の調査でも、子どもが死んだ際には棺にミカン箱を用いていた。大人の葬儀のときのように、墓場まで往生道と呼ばれる正規の野辺送りの道を行くこともなかった。「陰道」という畦《あぜ》伝いの道を、身内がミカン箱を持って歩いた。

「子どもが死んだとき、親は往生道を絶対歩くなと言われました」と同村の女性は証言する。しかしそれでも親は、子どもが埋葬された後も、子に一目会いたさにこっそりと陰道を歩いてでも偲んで会いに行ったという。

『葬送墓制研究集成　第一巻』の「特殊葬法」の篇に、もっとすさまじい子どもの弔い方が書かれている。

それによると、沖縄の宮古島では、流産死のような特殊な例の場合だが、幼児の体をぐるぐるに荒縄で縛り、海辺の岩窟に捨てさった。そのとき大男が力いっぱいに遺体を叩きつけたり、五寸釘をこめかみからこめかみに打ち抜き、袋に入れて海へ投げたりすることもあったとある。

このように子どもの葬法には、遺棄葬に近い残酷な弔い方が多い。子どもの特殊な葬法について一九六五年（昭和40）に発表した田中久夫は、子どもの弔い方は、大人の葬送儀礼が仰々しく集落をあげて執行されるのに対して、簡単に身内だけで執り行われることが多いことを指摘している。

なぜ子どもが弔われるとき、このように邪険な扱い方をされるのだろうか。これまで言われてきた定説は、「七歳以下は神のうち」という諺が基本的な考え方にあった。七歳までは神様から預かった子どもであるという意味で、まだ人でないと考えられたのである。

田中はそれを認めつつ、遺体を手厚く葬ろうとしない幼児の葬法は、土葬の習慣に先立つ遺棄葬の時代の習俗を残していると結論づける。

遺棄葬の時代、日本に村落共同体はまだ成立しておらず、亡くなった人は血のつながった身内だけが弔った。他の人は死のケガレを伝染病のように恐れ、死体に近づこうとはしなかった。幼児の弔いには、そうした土葬が一般に行われるようになる以前の遺棄葬の時代の名残がとどめられているというわけである。

墓穴に入る女性

「旅と伝説」の喜界島の葬礼報告に、埋葬のために棺を墓穴に入れると、死者に一番近い女性が続けて墓穴に入り、死者の死に装束を整え直したという、非常に興味深い話が出てくる。

それは喜界島の阿伝という集落で、野辺送りの葬列が埋葬場の広場に着くと、まずシマミシ（島見せ）ということをした。死者に自分の故郷の見納めとして広場から見える海を見せ、それから棺を担いだまま静かに三回、右回りにまわったという。

それから、墓穴に棺ふたをとった棺を降ろし、女性が穴の中に入った。女性は死体の姿勢や着物や帯などを直し、納棺のときにくくった帯を取ることもしたという。こうして墓穴の中で死者の身支度を整えた後、水を買うための一厘銭を三枚、死者の腹の上に載せた。その際、死者の顔を天に見せては無礼になるという理由で、傘を棺の上からかざした。

他の近親の者は、墓穴の上から死者の顔を覗いた。穴の中の女性は棺のふたを閉め、墓穴の外に這い出た。棺のふたの上に、小石を三個、五寸（十五センチ）間隔に並べて載せた。

この葬礼の報告者によると、この石を置くことで死者は初めてあの世の者となるという。「若し此の石を置かなければ死んだ者は御所《グシュ》へも行けず、と言って此の世へも戻れず宙に迷う」と述べている。御所とは喜界島であの世のことをいう。

石積み葬

土葬の場合、ふつう穴の深さは二メートル以上掘ることが知られている。だが海岸沿いなどの場合、そうはいかないことがある。掘ったとしても水浸しになる恐れがある。

仏教民俗学者の五来重は『石の宗教』（講談社学術文庫）のなかで、埋葬のときにほとんど穴を掘らず、棺を地上に置いて、その周りに石を積むという葬法について述べている。これを石積み葬という。

その例として、香川県仲多度郡にある佐柳島《さなぎ》の海岸墓を取り上げている。その石は親戚が海に入って拾い上げてくるという。

同書が書かれたのは一九八八年（昭和63）だが、「旅と伝説」の香川県高松地方の報告には、昭和の初めごろの小豆島の村の石積み葬について記されている。「屍体は海岸の砂地に埋葬するそうである。だから、埋葬場附近の海岸の砂地は、死体のあぶらで、独特の砂地になっている」という。

この死骸の埋葬場とは別に他の場所へ墓碑を建立し、そこには死骸を埋葬しないとしている。ここでも石積みの埋葬地と参り墓が別々になった両墓制が守られていたわけである。

五来重はこうした石積み葬は、もともと風葬死者の荒魂を封鎖するものであったと推測している。「荒魂への恐怖感がうすれるとともに、死者を悪霊に取られないようにするという解釈に変わったであろう」という。さらに「肉親のために石を積む気持が、死者を悼み、死後の成仏を祈る心となって、供養の積石に変わった」としている。

隠された水難者の死体

漁師町の葬送習俗には、どんなものが残されているだろう。

「旅と伝説」の南日本の墓地と墓の報告には、山口県の相島の海岸、長崎県の五島、福岡県の志賀島など、南日本の島々の漁師村の墓を訪ね歩き、葬送習俗を収集したものがある。

その中に、東松浦の加部島《かべ》（佐賀県唐津市）で、揚がった水死人の葬り方について興味深い報告がされている。同島にある屋敷内の墓の多くは、難破して海で死んだ人の墓だという。

水死人を拾ってこれを戎様（エビス様）として祀れば大漁が出ると、漁師たちは固く信じていたといわれる。そのような理由で自分ひとり大漁を得て、水難者を幸運の神にしようと考え、水死体発見の報を誰にも知らさないでひそかに葬ることもある。

この葬礼の報告者は、「海で死んだ人の亡骸が往々どうしても発見されぬ蔭には、尠《すくな》くとも此風がいくらかは関係しているらしい」と推察している。

それが事実なのかどうか真相はよくわからないが、報告者は、荒磯の片端にポツンと一つだけ立っているような墓は、隠された水難者の墓らしいという話を聞き取りしている。その中にはその後末永く漁の神として祀られ、墓地に小さな祠が建てられているものもあった。また赤い幟がたなびく荒浜の中の墓も見つかっている。

しかし一方、全く見捨てられたものも多く存在し、亡霊の祟りを恐れ、仕方なく祀ったのが加部島の屋敷内の墓だという。

こういう亡霊は、その家を守護する神仏になるものもいれば、逆に祟りをなして屋敷の持ち主に厄介や迷惑をかけるものもいたらしい。

もともと隠された水難者の話だけに、証言者の聞き取り調査もなかなか難しかったようだ。「こういう事を立入って聞くのは、誠に遠慮な次第だ」と報告者は述べている。

モガリ葬の種類とタイプ

誰かが奥深い山間に迷い込み、うっそうとした森に広がる草地に出たとする。そこが土葬墓地であると断定できるいくつかの際立った特徴がある。

まず墓地の入り口に蓮華の花を象《かたど》った棺を置く石台がある。横のほうには必ず六体の石地蔵が、墓場を護る門衛のように立っている。

その奥のほうには、草地に墓標が林立し、そのうちいくつかは墓標を木や竹で厳重に囲った造形物が立ち並んでいる。

この囲いは、古代天皇が死を迎え遺体が風葬される際に、遺体に祟りをなす死霊・悪霊を封じ込めるために作られた殯葬に由来する。この殯葬の形態が時を経て、土葬墓地の囲いに残ったので、この造形物は、モガリまたはモンガリと呼ばれている。

五来重『葬と供養』によると、土葬墓地のモガリは、いくつかのタイプに分類される。幸い五来門下の女性民俗学者、山田知子さんが土葬墓地を踏査し、モガリの形態を写真に残していた。これを手がかりに、モガリの分類をしてみたい。

まず、一つ目のモガリのタイプに、木や竹で埋葬地を四角く囲った「忌垣型モガリ」がある。四十九本の板塔婆で囲われた四十九院は、このタイプのモガリである。

二つ目のモガリのタイプに、「犬はじき（狼はじき）」がある。墓地のまわりに尖った青竹をグサグサと刺したもので、奈良市月ヶ瀬の霊園にあった。

モンドリ型モガリ（左）。スヤ型モガリ（右上）。石積み型モガリ（右下）

三つ目のモガリに「霊屋型モガリ」がある。これは奈良県十津川村や与論島の神葬祭で多く用いられたと、すでに紹介した。

このほかに、モガリの代表的なタイプの一つとして「モンドリ型モガリ」がある。

モンドリ型モガリは、青竹をそらして墓地の周囲に刺し、円錐状になるように青竹のてっぺんを束ねて縛ったものである。青竹を内側にそらしたモガリと外側にそらしたモガリの二種類があり、その形状がアユ獲りなどに使われる古い漁具のモンドリに似ていることからこう呼ばれる。

私の調査では、滋賀県野洲市で青竹を外側にそらしたモンドリ型モガリが、彦根市の村ではその反対に内側にそらしたモンドリ型モガリが見つかっている。

このほかに「スヤ型モガリ」というものもある。このタイプは霊屋型モガリと同様に、屋根と四本の柱を持ち、両方をまとめて「家屋型モガリ」と呼ばれている。スヤが霊屋と異なるのは、屋形の周囲に板壁を設けていないことだ。あるいは四本の柱もなく屋根を一本の柱が支えるだけの簡略化したものもある。スヤは須屋と書く。

スヤ型モガリの四本柱には、かつて四面に発心門、修行門、菩提門、涅槃門の額がかけられ、その周りを三回まわる弔いの作法が行われた。

このスヤ型モガリを踏襲したと考えられるのが、蔵前国技館の土俵の上にあった屋根だ。一九五二年（昭和27）、享保年間より二百五十年にわたって続いてきた四本柱が撤廃され、この場所から吊り屋根となった。それ以前、四本柱が地面に接していたのである。

五来重は、相撲人が醜足《シコ》を踏む土俵に四本柱を立てたのは、殯の四本柱と同じであろうと推定している。

モガリのまた別のタイプに「石積み型モガリ」がある。石積み型は、香川県の佐柳島の海岸墓地で見られることをすでに述べたが、ほかに滋賀県の湖西地方の高島郡にも多く見出されている。

この石積み型モガリには、「数人でないと持てないような石を五、六個のせて、崩れないように太い箍《たが》をはめる」と、五来重『石の宗教』にある。そのように厳重に石積みすることで埋葬地の死霊を封じ込めたのである。

野焼き火葬場の罵り合い

昔の野焼き火葬にも、土葬とはまた違った苦労と工夫が存在した。

「旅と伝説」の福岡県築上郡東吉富村の葬礼報告に、野焼き火葬の独特の工夫が紹介されている。

地上の四方に杭を立て、その中央にかたく結んだワラを三把置き、その上に棺をのせる。棺の周囲を十二把のワラで囲み、その上部にもワラをかぶせた。全体がワラでできた野焼き火葬小屋を作ったわけである。この火葬小屋のことを火屋という。

作業の最後に、火屋のてっぺんに水に浸した濡れワラをかぶせた。この濡れワラをサカドモと呼んだ。濡れワラのサカドモは、きれいな白骨に焼き上げるための、野焼き火葬の村に共通する工夫である。

こうした火葬の支度をする間中、火葬役の者は、死人の悪口を言う。それがこの村の習慣だったという。

葬礼報告によると、以下のようだったという。「こんひたあ、まだ飲みたらんで化けて出てくうやのう」「そうくさ。人んぜんじ（銭）ばっかし飲みやがったき。早う死んだんじゃろう」などと、死人をさんざん罵った。

死人が嫁入り前の娘のときなどは、猥談でにぎわったそうである。「〇〇さんなまだ〇〇〇のあぢう　知らじゃったろうのう」「分からんち、誰かした者があるちゃ」などと、意味はよくわからないが、露骨な会話ということは伝わってくる。

なぜ死者の悪口を言ったのか。大役を務める野焼き火葬役には許されたのだろう。村落共同体で暮らす楽しさやほろ苦さ、娯楽や憂さ晴らし、生きることも死ぬことも含めた村人の息遣いが聞こえてくるようだ。

火は日没後、点じられた。太陽が沈まないうちは罰があたるといわれた。火葬場には、酒や生豆腐などお斎《とき》（法事の際の食事）が運ばれた。

翌朝、適当な時間になると、シャカナツクといって棒で燃える火屋の中を突き刺し、焼け具合を見たという。うまく焼けているとみると、喪家に知らせに走り、その後骨拾いが行われた。

初七日には七日のシアゲといって、親類縁者を招いてささやかな精進料理を出した。最終的な忌明けは、死者が女性だと三十五日、男性なら四十九日を経て行われた。男女の日数が異なる理由はよくわからないが、その日は僧を招いて浄土三部経をあげ、魚料理で一杯飲んだという。

墓場のきわどい蛮習

あえて野焼き火葬場の蛮習と言っておこう。「旅と伝説」に記された岡山県の葬礼報告に、人づてに聞いた話として、ある村の野焼き火葬場で行われた次のような風習が書かれている。

「何でも岡山県の北部だったらしい所には、棺を山の或一定の場所へ持って行くと、(中略)棺の上から、ツツキこわして、死体をくずしてから焼く所があるそうだ女ならば殊に陰部をつきさす、そうすると、脂が出て何の変もなく早く完全に焼けてしまうそうだ」と報告者は記す。

岡山県の別のある村では、焼き場で死人を燃やした灰を使って、女性が人に見られないように、おはぐろ代わりに歯につけると、早く縁につくという俗信もあったという。

またその近くの村には、一八九一、一八九二年（明治24、25）ごろ、わら苞《づと》（わらの筵《むしろ》）で包んだものが川から流れてきた。ツトの中には間引きされた嬰児が入っていた。子どもが面白がって竹の棒でつついたという話を取り上げている。

生まれた赤子の命を絶つ間引きは、そんなに古い時代の風習ではなかったようだ。私も、知人女性の祖母が人知れず間引きをしたと聞いたことがある。昭和の初めごろまで間引きは各地で見られた。

『葬式～あの世への民俗』（須藤功著　青弓社）に、「間引きは『子返し』ともいわれた。命を絶つのではなく、神の手に返すというもので、これは七歳までは神の子という考えに基づいている」とある。子返しには、首をしめたり、筵にくるんで窒息死させたり、濡れ紙で口と鼻をふさいだり、いくつかの方法があったという。

頭北面西

二十一世紀になる少し前のころのことだろうか。滋賀県甲賀市の信楽町上朝宮の埋葬墓地で、浄土宗の寺院のO住職の目を疑うようなことが起こった。

この村では土葬に寝棺を用いていた。埋葬地には、南北方向に長い墓穴が掘られていた。

墓掘り人の一人が、別の墓掘り人にこう尋ねた。「おい北はどっちや」。もう一人が北の方角を指すと、棺は死者の頭が北になるように向けられた。

「おい西はどっちや」と墓掘り人はもう一度尋ねた。西の方角を確認すると、二人の男は担いだ棺の箱を九十度、西の方角に回転させた。棺の中で眠っているホトケは、頭を北に向け顔は西に向けて横たわったことになる。そのまま棺を墓穴にズボッと落としたのである。

この光景をそばで見て驚いたのはO住職だった。一瞬の間をおいて二人の墓掘り人のした行為の意味に気づいた。「ははあ、お釈迦さんの頭北面西《ずほくめんさい》か！」。

頭北面西とは、釈迦涅槃のとき、北枕で顔を西に向けて横たわった寝姿のことである。二人の墓掘り人は、釈迦涅槃の寝姿を文字通り実践したのである。

あっけにとられた住職は、二人の男に尋ねた。「なぜこんなことをするのか」。墓掘り人は答えた。「知らんわ、そやけど和尚さん、昔からこうすることに決まっとるのや」。

住職は述懐する。

「私はこれが民俗習慣の力なんだと思い知りました。村人は釈迦涅槃の意味は何一つ知らないのに、生きた知恵として弔いの民俗儀礼を行ってきたんですから」

信楽の上朝宮の村から土葬の習俗がなくなったのは、それから間もなくのことである。寝棺の棺を横向けにひっくり返したのは、この村の土葬習俗の放った最後の光芒と言っていいのかもしれない。ただし今でも野辺送りのときに着る白い死に装束や野道具は、寺の倉庫に大切に保管されているという。

三通りの埋葬区画

信楽のO住職によると、亡くなった人を埋葬地のどの場所に葬るのか、埋葬区画の決め方には、土葬の村によって三通りの方法があったという。

もっとも多く一般的な方法は、死亡者の死亡年齢別に、埋葬場所を決めるというやり方である。その場合、墓場の奥の閑静な場所ほど年齢が上がる。

二つ目は年齢にかかわりなく奥から順に埋葬して行く方法で、入り口まで満杯になると、次に埋葬する場所は一番奥に戻る。

三つ目はA、B、C、D家といった具合に、家ごとに埋葬区画を決めるというやり方だ。上朝宮の墓地はこの三つ目の方法で、家ごとに埋葬地が区画されている。このやり方だと、死亡年の異なる夫婦でも隣同士に埋葬できる。その代わり、ある一家に死亡者が続くと埋葬場所に困る。三通りの方法とも一長一短がある。

幼くして死亡した子どもの墓は、三通りの区画とは別に、墓地の入り口に埋葬されることが多かったという。

子どもの土葬は昔、非常にぞんざいな弔い方をされたが、今は違う。少子化に加え幼児期に児を亡くすことが極端に少なくなった現在、むしろ大人以上に盛大なお葬式を出すことが増えたという。

「例えば子どもにかけていた学資保険から何百万円が下りると、可愛い子のためにできるだけ盛大に弔ってあげたいと親御さんの気持ちが働くようになり、子どものお葬式は豪華になったのです」とO住職は言う。

怪談ウブメの子渡し

「旅と伝説」の熊本県の葬礼報告に、同県の阿蘇に伝わる言葉に「ウブメの子渡し」というものがあったと書かれている。

ウブメとは産女の幽霊のことで、この地方の妖怪の一つとされている。妊婦が何らかの障害のために分娩せずに胎児とともに死亡した場合、その妊婦はウブメに変化すると信じられた。

ウブメは常に必ず、自分の埋葬された墓所にいると考えられ、誰かが墓地のそばを通ると、立派な女の姿で現れ、どうかしばらくの間、この子を抱いておくれと言って赤ん坊を手渡した。通りがかった人が確かに赤ん坊を抱いたと思うと、不思議なことに死んだ妊婦の墓石に抱きついていたという。

この葬礼報告はさらに、妊婦が胎児とともに死亡した場合、必ず、妊婦の腹を裂いて胎児を母体から取り出して、それから入棺すべきである、そうしないとウブメになるといわれたと述べている。

どうしても胎児を取り出すことができなければ、藁人形をこしらえ、それを妊婦と背中合わせに縛りつけて入棺すればウブメにならないで済むとも伝承されている。

妊娠中に死亡した妊婦から胎児を取り出すという弔いの風習は、驚くほど全国各地に分布している。それは妊婦の死亡が多かった時代を背景にした風習と思われる。『葬送墓制研究集成　第一巻』の「特殊葬法」の篇には、妊婦の胎児分離の話が取り上げられている。そのもとになる「鎌の柄に関する禁忌～胎児分離の古習ノート」という論稿は一九七六年（昭和51）に発表された。

「胎児分離というのは、臨月近い女の遺体から、開腹によって胎児を取り出す処置のことをいい、この場合医師を招いて開腹するのは比較的新しい習俗であり、気丈夫な取り上げ婆や肉親のものが鎌で開腹するのを古習と呼ぶ」と論文著者の桂井和雄は書いている。

著者が研究フィールドとする高知県土佐清水市では、「昔臨月近い女が死歿したとき、鎌の柄を樫の木につくり替え、身二つにして埋葬する風があっ」たと、阿蘇のウブメの子渡しと同様の風習を見出している。

この風習は、調査を続けた四国だけでなく、福島県にも見出されている。著者の桂井は、奥州の安達ケ原の鬼婆が好んで妊婦を殺し胎児を取ったという伝説は、この風習から出発したと見ている。

「死者とはいえその遺体を損壊できるのは、死者の夫かその他の肉親、あるいは取り上げ婆さんしかない。（中略）これが村々で思いきって行なわれた背景には、身二つにしてやらなければ成仏しないという、暗い仏教的な民間信仰があったからにほかならない」と著者は結んでいる。

南方熊楠の考察

粘菌の生物学者であり民俗学者でもあった南方熊楠もまた、胎児分離に大きな関心を寄せている。井原西鶴の『当世貞女容気』を題材に、一九三一年（昭和6）、「孕婦の屍より胎児を引離す事」という論文を『郷土研究』に発表している。

『当世貞女容気』のあらましはこうである。近江国の宿の妻が旅人と一夜を契《ちぎ》った。その後「其夜の情けの水よどみて、腹に帯」する（懐妊）ようになった。「人目を忍ぶつらさ、其旅人は何国の人やら、名は何と云とも聞ず。（中略）夫武右衛門に吟味にあい、言訳立たず、ぜひなく首を括っ」た。

行きずりの旅人との間にできた子を孕《はら》んだ宿の妻は、夫に責められ首を括って自死したわけだ。堅田に住む漁夫の父は、亡骸を里の家に連れ帰った。そのくだり「せめて身二つにして取置かんと（中略）葬礼の場にて腹を割いてみるに、去とはふしぎや、古い唐網（投網）を孕みけり」となっており、「親なる漁夫数年殺生の報い」と結んでいる。

魚の殺生を生業とする近江堅田の漁師が、仏教の殺生戒を護らなかった。その積年の因果応報というわけである。

熊楠は論稿の中で、インドや中国の南宋の書にも鎌で妊婦の腹を割いた逸話が収集されているとし、「（胎児分離の）件《くだん》の日本の俗説も支那から来たのであろうか」と推定している。

一九三一年（昭和6）、波多野某君から熊楠のもとに届いた手紙には、同君の出身地である大分市にも同様の胎児分離の風習が残っているとある。

同じ手紙に「宮崎県の片田舎には、屍骸と胎児の引離しを頼みしも、医者が肯《がえ》んぜず。止むを得ず、子別れのお経と云う物を、僧侶に頼んで読んでもらい、葬った実例あり」と書き添えている。

この中の子別れのお経の話に関連して興味深いのは、「旅と伝説」に書かれた滋賀県高島郡の葬礼報告である。そこには胎児分離にまつわる仏教者の役割について書かれている。

報告では、寺院僧侶に頼み胎児分離を実行する場合、「真宗の坊さんでは駄目で禅宗の方丈に頼む」と言っている。おそらく迷信的な風習を極力廃した真宗のお坊さんでは力にならないということなのだろう。

その場合、禅宗の僧は部屋から人を皆追い出し、ふすまをしめ切って長いお経をあげ、その行を行った。棺ふたを開けると、胎児は分離され、死人は子を抱いていたそうである。しかしどんな高僧でも、この行法を三度行うと、「寺を開かねばならぬ」と書かれている。

寺を開くとは、傘一本を持ったきりでその寺を出ることとある。つまり寺をお開きにして僧侶は出ていかなければならないという。それほど胎児分離の呪術は、精も根も尽き果たす難行だったということだろうか。

実際にあった胎児分離事件

全国に広く流布した胎児分離の風習が、死体損壊罪に問われるという現実の事件に発展した例もあった。

一九五三年（昭和28）発表の『民間伝承』の論稿「死体分離埋葬事件～妊婦葬送儀礼」に、その経緯が書かれている。

事件の発端は会津の山村で四十歳の女性が妊娠十ヵ月の身で、一種の妊娠中毒症（妊娠高血圧症候群）を起こし死亡したことにさかのぼる。

葬儀を出すために集まった親類や村人たちは、腹の子がもう少しで生まれるところで死んだのだから、この子は浮かばれまい。必ず化けて七年間はこの家の棟にまとわりつくにちがいないと語り合ったという。

死亡した妊婦の長男は当時十八歳だった。少年はまじめに考えこみ、親族会議を開いて相談の結果、胎児を摘出することに決めた。同村の医師に頼んで腹の児を出してもらったところ双生児だった。そこで一つの棺に、母と二人の児を納めて、役場には母と子二通の死亡届を出しておいたという。

ところがこの噂を聞き込んだ地区の警察署が、これを死体損壊罪と摘発、関係者の取り調べを開始した。それればかりか、この事件は法解釈の問題にまで発展した。法務府意見局の検事が現地調査に訪れ、論稿を書いた民俗学者、山口弥一郎も意見を求められたという。

山口は検事に、臨月近くに死んだ妊婦をそのまま葬れば墓の中で児が生まれたという伝説や昔ばなしが数多くあることを語った。

例えば「子育て幽霊飴」という昔話。墓で生まれた児を母親が幽霊となって飴を買って育てたという話である。幽霊飴を売る店は現実に、京都の代表的な葬地、鳥辺野あたりに今も存在する。これらの昔話や伝説は「既に俗言の域に深くはいりこんで、迷信というべきものになっている」と検事に語った。

また開腹手術をしたことがあるか医師の調査を行った結果、大正から昭和にかけて少なからずいることも判明した。

このように検事と民俗学者は、昔話と伝説の民俗学的な検討をし、胎児分離が死体損壊罪に相当するかどうか、語り合ったという。

後日、民俗学者のもとへ法務府から、妊婦の屍体からの胎児分離に関する覚書が送付されてきた。それにはその行為は死体損壊罪に当たらないと、以下のように結論されていた。

「かような行為は、たとえ非科学的であるとはいえ、死者の霊魂の安静を期するため一層礼意を厚くする趣旨において行なわれるものであることは客観的に明白であって、(中略) 違法性を欠き犯罪の成立を阻却するものである。勿論、これは奨励すべき行為ではないが法の干渉外に放任すべき行為であると思う」

3　野帰り・あと供養

玄関で生米をかじる風習

亡くなった人の埋葬後、遺族や近親者は、野辺送りの葬列で履いていた草履を墓場に脱ぎ捨てるなど、埋葬地から死のケガレを家に持ち帰らない工夫をしているところが多い。

それ以上に死穢を恐れたのは野帰りの風習である。野帰りとは野にある墓場から喪家に帰るときの習俗のことである。とりわけ、家の玄関で死霊を家の中に持ち込まない作法が重要だった。

一九六九年(昭和44)に発表された『近畿民俗』の「野がえりの習俗よりみた庶民

の死霊観」（井阪康二著）の論稿には、家の玄関で米をかむという兵庫県宍粟郡《しそう》（現・宍粟市）の村の不思議な習俗が書かれている。

野帰りした遺族は、玄関に置かれた米と塩を入れた盆から米を摑み少しずつ食べながら家に入っていくという。

これ以外の玄関で行う野帰りの作法として、兵庫県の丹波篠山の村では、かまどの灰と塩を混ぜたものを入り口に置き、野帰りの人はこれを踏んで入る。神戸市のある村では、たらいに糠と塩を入れ、人々はそれで足を洗う真似をする。そのような事例も合わせて取り上げられている。

空のたらいで足を洗う真似をするのは南山城村の奇習としてすでに述べたが、こんなところにも類似した風習が残されていたのである。

右の三つの例で、いずれも野帰り後の清めに、塩を用いることが共通している。では米、かまどの灰、糠はどんな清めの効果があるのだろうか。

論稿の筆者は、他の一般の会葬者が家に戻ったとき、塩で身を清めるだけであることから、より死のケガレを被った遺族・近親者は、塩以外のものも使って、死の世界からの断絶を必要としていたと考察している。

とりわけ米をかむという行為の呪力に筆者は注目している。というのは、米をかむのは野帰りのときだけでなく、他の弔いの作法でも行われているという。例えば岡山県の村では、湯かんの後、生米をかじる風習があった。

その村では、縄帯と縄たすきをして湯かんに携わった人は、湯かんを終えると縄帯と縄たすきを海に行って流し、自らの体は禊《みそぎ》をし、家に戻ると体に塩をかけた後、茶碗一杯の酒を飲み、それから生米をかじった。

弔いのときだけでなく、青森県の村では出産後すぐに生米をかませるという。これをチカラゴメと呼んだ。

論稿の筆者は「生米をかむというのは、埋葬地つまり死の世界に行ったために、死者にひっぱられようとしているのを生米の力で、生米を食べることによって、断絶させようと考えた」と結論し、「野がえりの作法は、死者の世界と自分達生者の世界との関門を通る通行手形」であると述べている。

家の中になかなか入らない呪術

野帰りの人の行動の特徴は、死のケガレを家の中に持ち込まないことといえる。その一つの作法として、喪家の玄関口での呪術的な作法を紹介した。
もう一つの方法に、家になかなか入らないという方法がある。前出「野がえりの習俗よりみた庶民の死霊観」の筆者は、沖縄の伊計島の野帰りの風習を例に挙げている。

それによると、葬式から帰ってきた人はすぐに家に入らない。まず外の庭で食事を済ませ、食事に使ったかまどの灰を火の神として浜に捨ててくる。浜から家に戻っても、まだ家に入らずにもう一度松明をつけて浜に行って、塩水で身を清めてから家に戻り、はじめて玄関から家の中に入るという。

柳田国男『葬送習俗語彙』の「潮蹴《しおけ》」の項に、沖縄の大宜味村では葬式が終わると、棺担ぎの男は、家に帰らないで浜に行って一対の門を作り、会葬者は一つの門をくぐって海で手足を洗い、さらにもう一つの門をくぐるとある。これを「死霊を除けて身を清める為」と言っている。この門をくぐることで、はじめて自分たち生者の世界に戻ったことになると考えられたのである。

「旅と伝説」に書かれた八重山列島の葬礼報告には、カロス人と呼ばれる男女七人が、葬式後、薄《すすき》を二本切って門の形に海岸に立てて、家と海岸を七度往復した。七度の往復のたびに門をくぐり、海水で身を清めて帰り、家の門内で蟹と韮《にら》の葉で煮た汁をいただいてから、やっと家の中に入るという風習があったという。

与那国島では、昭和の初めころまで野帰りの帰途、酒好きの者などは三、四杯くらい飲んで倒れたり、道中をヨロヨロしながら道歌《みちうた》を高らかに唄い躍ったとある。道歌とは田舎の道を歩きながら歌う民謡のことと沖縄語辞典にある。これなども家になかなか帰らない、帰ることをためらう珍奇な野帰りの作法といえそうだ。

いずれにしても死者が生者の仲間に入ってこないように、万全の策を講じる習俗が野帰りの風習にあったわけである。

悪霊払いの野帰り儀礼

柳田国男『葬送習俗語彙』に、ようやく野帰りから家に戻った夜、行われた不思議な儀礼が採録されている。沖縄本島のこの野帰り儀礼を「モノオイ」と言い、次のようなことが書かれている。

家の人が集まり屋内に坐し、戸を閉じて戸口に臼を伏せ、その上にまな板や包丁を置く。塩水、炒った五穀、木片を持った三人の男のうち、第一の者がアネアネと叫んで塩水をかけると、第二の男が五穀をまき散らしながらクネクネと叫び、第三の男がタマタマと叫びつつ木片を打つ。それから臼を蹴とばし、ひどい勢いで昼間にお葬式で通った道筋を行って、曲がり角で一緒にワーと叫んで持ってきた豆を投げる。

「恐らく死霊を追い払う為の行事である」と柳田国男は述べている。

このモノオイの行事は「ムヌウーイ」ともいう。ムヌウーイは、沖縄で行う自宅葬で、悪霊払いの儀礼として今も残っていると、公益財団法人沖縄県メモリアル整備協会のウェブ記事にある。

ただしその記事では、ムヌウーイは出棺後の行事となっている。その手順だが、まず出棺を終えたら箒で部屋をくまなく掃く。サンというススキで作った葬具で床を軽くたたきながら呪文を唱える。塩水のボウルを部屋に持ってきて指を浸けて、ぴんぴんとはじきながら部屋中に撒く。

恐らく昭和の初めごろに行われたモノオイの悪霊払いの儀礼は、現在のそれよりも古い様式に則っていると思われる。

空臼搗き

およそ十年前、滋賀県の甲賀の村で野辺送りの聞き取り調査中のことだった。埋葬墓地からの野帰り後、餅を臼に入れ、餅を搗《つ》くような所作をしたという話が出た。モチは二十個ほどの小餅を臼に入れ、杵《きね》は持たない。パントマイムのように搗く真似だけをするというのだった。

それはこれまでの調査で全く聞いたことのない不思議な風習だった。集まってもらった土葬の経験のある村人たち十人ほどに、そのいわれを尋ねたが、「さあ、ええとこ行けよ、極楽へ行けよという意味やろうなあ」というばかりで少しもわからない。

しかし『葬送習俗語彙』を見ると、これとよく似た弔いの風習が見つかった。信州諏訪郡本郷村、落合村（現・諏訪郡富士見町）では、「親の死んだ時の野帰り後は直ちに家の庭で空臼を搗き、之を親払いと称して居る」とあったのである。

甲賀村の空臼搗きは小餅を臼に入れたから、厳密には空臼搗きとはいえないかもしれない。ただ杵を持たずに搗くということは、実際の餅つきの所作でないことは確かだ。親が死んだときの風習かどうかも不明だが、空臼搗きに極めて近い所作といえる。

甲賀の風習で重要なのは、野帰り後に臼を使うということにあると考えられる。では臼には弔いの葬具としてどんな意味があるのだろう。

前出「野がえりの習俗よりみた庶民の死霊観」には、「鹿児島県大島郡では、墓地に行った人は必らず海岸に出て、一尋の笹で潮水をかけて清める。年寄で海岸にいけない人は臼の塩をなめたりかけたりする」とあって、臼には何らかの呪術的な意味があると考えられる、としている。

民俗学写真家の須藤功の写真集『葬式〜あの世への民俗』には、野辺送りから帰ってきたときのために、臼の上に塩と水を置くことを取り上げている。同氏も臼には秘めた呪力があることや葬式において臼に重要な役目があることに言及している。

また『葬送習俗語彙』の「空臼伏せ」という項には、「壱岐石田村（現・壱岐市）では出棺時に軒場に空臼を持って来て伏せる」とあった。この風習は野帰り後ではなく出棺時だが、ここでも臼が重要な葬具として登場してくる。

それでも甲賀の村の空臼搗きにはまだ謎が多い。しかし少なくとも、野帰り後の臼に死霊を封じる呪力のようなものがあると考えていたのは確かではないだろうか。

水辺の儀礼

死者が生前着ていた肌襦袢などの衣類を、葬式後、近所の川で洗う風習が各地にある。滋賀県の聞き取り調査でも、川で洗い、家の軒下で吊るし、四十九日まで陰干しする風習をあちこちで聞いた。

『葬送習俗語彙』には、「丹後舞鶴地方（京都府）では死後三日目即ち葬式翌日、近親の女が死者の着て居たものや敷いて居たものを川へ洗いに行く。此際は必ず刃物を持参する。是を三日の洗濯といい、洗って来ると北向きに三日間蔭干しにする」とある。

洗濯に刃物を持参するとは物騒な話だが、死者の枕辺に刀や鎌を置くのと同様、三日の洗濯はただ洗濯するだけでなく、水辺で行う魔よけの作法だったことが想像される。柳田国男は「水で洗うことを中陰行事の一つと数えて居る所が多い」と書いている。

これ以外に、水辺で行う弔いの儀礼の一つとして、「洗いざらし」という風習がある。

高野山奥の院の流れ灌頂

『葬送習俗語彙』には、佐渡で産婦が死亡した場合、「川に四本柱に赤布を張り渡したものを立て、竹杓子（ひしゃく）を添えておき、通行人に水をかけて貰う。布の色が褪《さ》める迄は仏は浮かばれぬという」とある。これを洗いざらしと呼んでいる。

佐渡の洗いざらしは、別名「流れ灌《かん》頂《じょう》」ともいう。佐渡のそれは特定の産婦の鎮魂のためであるが、一般に流れ灌頂は川辺での施餓鬼供養として行われる。つまり特定の死者の霊を慰めるためではなく、辺りに浮遊している不特定多数の餓鬼の死霊を供養する。

高野山奥の院では、玉川にいくつも

の塔婆を立てる流れ灌頂が行われている。塔婆は水子供養のものや若くして亡くなった産婦のものも少なくないという。

喜界島の黄泉の国

死者の弔い方や葬儀後の供養の仕方は、その土地に暮らす人々のあの世に対する観念が反映されることが多い。

「旅と伝説」に書かれた喜界島の葬礼報告に、この地独特のあの世が描かれている。「島の人々の想像して居る黄泉国《グシュ》は仏教で説く所の蓮の台に坐れる極楽浄土でもなければ、耶蘇教（キリスト教）の所謂百花繚乱たる天国でもない」とある。

喜界島の黄泉の国は、「御所」という名の不思議な島であるとしている。御所へ行く道は御所道と呼ばれ、たいへん険しい道だという。

御所は水の乏しい所なので、死人を葬るときに水代として銭を持たせるとある。また御所では、人々は働かずに子孫の供えるお初（初物の収穫物）を食べて生活しているが、三十三年経つと神になる。したがって三十三回忌の祭りは、最後の祭りとして盛大に行う。

つまるところ喜界島の黄泉の国（御所）は、「働かずに食えると言う以外は現世と何等変る所がない、いや却って現世よりも不自由な点があるとさえ信じられて居る」と報告は結んでいる。

報告者はまた、喜界島はその昔、岩窟内に死体を遺棄する弔い方をしていたことを述べている。不思議なのは、遺棄葬からなぜこのようなあの世観が育まれたかである。

喜界島の昔の葬儀では、現世と変わらないあの世があるとしている。そこには極楽や天国もなければ、おそらく地獄もない。遺体をうち捨てた人々は、その報いとして、死ぬと地獄に落ちることを恐れる気持ちも薄いと思われる。

地獄の審判を恐れるがゆえに生まれた罪悪感や、死者を手厚く葬ろうというような倫理観や道徳心の成立は、もう少し後の土葬以降の時代まで待たねばならないのだろう。それより古い弔いの形態である遺棄葬は、地獄で裁かれることもない素朴なあの世観だったからこそ、遺体の遺棄を悪いこととしなかったと考えられる。

喜界島の昔の葬儀は遺棄葬の時代から下っても、遺体を棺に納めて岩壁に横穴を掘った洞窟に風葬したという。親戚の者は酒肴を整えて一週間の間、夜ごと墓守りに行った。三、四年経つと白骨を拾い集めて大甕に納めるか、横穴の外に埋めて石塔を建てた。死者供養の仕方は次第に成熟していった。この風習は明治初めまで続いたが、その後は衛生上の見地から官命によって土葬に移行したという。

独身者を祀った祠奇譚

一般に日本人の多くは、死ぬと祖先の一人となりやがて神となるように子孫に祭祀されることを望んだ。それが葬儀後の、七日ごとの供養、四十九日から一周忌、三回忌と続く葬儀後のあと供養のプロセスに現れている。そのような意味で、未婚の男女は祀り手のない死者になり、無縁仏化しやすい。

「旅と伝説」の葬礼報告に、土佐のある村の独身者を祀った小祠にまつわる奇譚が書かれている。

ある人が蓑を着て山中を歩いていたのを見て、猟師が猪と間違えて猟銃で撃ってしまった。発砲した猟師が近寄ってみると、蓑を着た男がぜいぜいと息をしている。驚いて詫びると、苦しい息の下から「頼みを聞いてくれれば死んでも恨みはせぬ。俺はオチヤウメ村の彦蔵というものだが、未だ妻子もない独り身だ。此儘《このまま》死んでは誰も祭り手の無い無縁仏になってしまう。それでお前の次男息子を俺の跡取りにして、俺の菩提を葬ってくれるなら、死んでもなんの心残りもない。そうしてあの世からお前の家の幸福を守ってやる」と言った。猟銃を発砲した男がその希望を聞き入れると、彦蔵は死んだ。

それから射殺した男の家の門には、独身男のための小さな祠が祭ってあるという。

正月とお葬式

正月は特別に清浄な日とされている。この日先祖の霊が帰ってくるのは盆と同じだが、まだ死後日も浅い新精霊のお迎えに重きを置く盆行事とくらべて、神となった祖霊を迎える正月には、葬儀を行うことを遠慮する風が各地に残っている。

「旅と伝説」に書かれた隠岐の国の報告に、「海士《あま》郡海士村(現・島根県隠岐郡海士町)の北半では正月注連の内に部落内の女性が死亡すると正月をやり直す」とある。「此の習慣は甚だめずらしい」と付記されている。

例えば、海士村福井の集落で一月五日に死人があったので、一月九日を大晦日、十日を元日として正月のやり直しをした。また同村の別の地区でも一月九日に死人があったので、一月十一日を大晦日、十二日を元日としてやはり正月のやり直しをした家があったという。

鹿児島県十島村の葬礼報告によると、正月と重なるとお葬式を出さない風習があったという。

十島村は東シナ海上のトカラ列島の島々である。その島で葬式をしてはならない日には友引の日などがあったが、それとは別に、死者の出た家の葬儀が正月や祭りの日に重なった場合、島全体に遠慮して、その日には葬式を営まず、仮埋葬をして後日、葬儀をしたという。

ちなみに十島村の十ある島のうち七島では、一年に三つの正月があった。一つは太陽暦による新正月、もう一つは小正月と呼ばれる陰暦による旧正月。さらにもう一つ、七島正月と呼ばれる独特の正月があった。

それは旧暦の十二月一日を元日とする正月で、いわれは一六〇九年（慶長14）、島津の琉球征伐に関係する。七島の人々も島津勢に加わり出征したが、ちょうどそれが正月間近だったことから、せめて郷土の島で越年させてやりたいと、正月を一ヵ月早め、十二月一日に仮の正月を行ったのが事の起こりという。

また愛媛県喜多郡の葬礼報告では、死人のための正月が設けられたという。この正月は、陰暦十一月初めの巳午《みうま》の日、つまり十二支の巳の日か、または午の日を選んで行われた。

その日、注連縄にイヌシダを挟んで墓前に飾り、鏡餅をワラで焼く。焼いた鏡餅を二人が背中合わせに後ろ手で抱えた。その後モチを切り分け、包丁の切り刃の先に刺して人に与えたという。このモチを食べると夏病みしないと書かれている。

死人の正月は、仏の正月ともいい、愛媛の葬礼報告例だけでなく四国地方に多い風習だ。現在でもまだこの風習を残している地域があるという。

余談を一つ付記すると、十島村の一つである宝島では、葬式の日、全島民はその日一日、どんなに仕事が忙しい時期でも決して山野に入って働かないという風習があった。というのも葬儀になると、島民はみな仕事を休んで葬儀の手伝いに駆けつけたからだ。時代が下って外部からの人の流入でお葬式の手伝いをしない人が増えるようになっても、葬式の日は一日働かないという風習はしばらく残ったようである。

〝病人〟をムシロで囲いホトケにする

一九七三年（昭和48）に発表された葬送民俗の論稿に、非常に不思議な習俗が書かれている。今までまったく見たこともない弔いの風習で、喪の始まり、出棺、埋葬から野帰りのあと供養まで、異様な習俗がつぶさに述べられている。

それは「〝病人〟をムシロで囲い〝仏〟にする話」という論文で、『葬送墓制研究集成　第一巻』の「特殊葬法」に集録されており、筆者は高岡功という。

この葬送習俗の聞き取り調査の対象地域は、新潟県岩船郡山熊田（現・村上市）という村である。この村では、病人が息を引き取っても、しばらくの間、まだ死んではおらず、〝病人〟ということにした。この奇怪な風習を、要点をかいつまんでまとめながら記していきたい。

山熊田村では誰かが息を引き取ると、病人を仏にする身内の仕事が始まる。まず病人を起こし両手を前に組み手首を荒縄で縛る。足を折り太ももから足首までをぐるぐる巻きに縛る。さらに遺体のまわりをスガムシロで被う。スガムシロは菅筵と書き、カヤツリグサ科の草で編んだムシロのこと。スガムシロの上の部分を縛ると、円錐形のテントで覆われたような恰好になる。この状態を「ホトケになった」と呼んだという。

そうなると家の者は、村中に「○○がホトケになった」と触れまわった。ホトケはその晩、念仏講の年寄によって念仏があげられる。埋葬する日を相談し、日が悪いと日延べされる。

湯かんはホトケになった翌日に行われる。それまで円錐形のテントを被ったホトケは、はじめてスガムシロを解かれる。裸体になったホトケは、湯かん盥に入れられ、洗い清められる。その後、髪はクルクルに剃られた。ホトケの出家を意味する剃髪の儀礼である。

ホトケの納棺も丁重に行われた。杉の座棺を用い、ホトケ自身には白の死に装束、その上から紋付きの羽織または晴れ着を着せた。

棺の底には座布団が敷かれ、ホトケを座らせ、納棺する。棺に入れる副葬品にはわざと欠いた真新しい椀などを入れた。またホトケの頭には経文を書いた経帷子をたたんだものを載せ、その上から手拭いで頭全体を包み、顎で結んだ。

さらに棺の中でホトケが動かないようにワラを詰めた。こうした丁重な納棺作業の結果、棺の中でホトケは首から上だけが見える状態になる。

出棺後の野辺送りの道中、跡取りは羽織袴に白足袋で草履を履いた。どんな大雪が降ろうと、深靴は絶対に履かなかったという。

葬式翌日、埋葬地に菜種のタネを蒔く

山熊田村の弔いの奇習は、埋葬の作法の中にもあった。跡取りが三回、鍬で土をかけると、遺族や村の会葬者は全員、家に帰る。後に残った穴掘り人は、墓地を踏み固め土饅頭にする。ここまではさほど珍しくないが、その後、三本の木を三方に立て、てっぺんを縛ると、三角錐の形をした三股ができあがる。三股の木の中央から荒縄で石をぶら下げ、その下のほうに笠を置き、笠の中央から刃先が北向きになるようにした鎌を土に刺す。

三角錐の三股で囲んで、死霊を封じ込んだ埋葬墓地は、モガリ葬の一種である。『葬と供養』のモガリの分類に従うと、この三角錐の形状のモガリは「サンギッチョ」という。

山熊田村の奇習はこれだけにとどまらない。埋葬の翌朝、身内がうちそろって、朝の墓参りが行われる。

この時、米粉の白団子を重箱に入れて持参する。非常に珍しいのは、埋葬地の前でV型の畝《うね》を作ることだ。作った畝には菜種のタネを撒くという。

次にこの畝を挟んで身内二人が立ち、櫛《くし》を三回、交互に投げ合い、受け取った櫛で各人の髪を梳《す》く真似をする。この神話劇を彷彿させる動作の後、白団子を三つほど串に刺す。さらに身内の者が二人出てきて、この団子を手でこねて後ろに投げる。このとき後ろを向かないで沈黙したまま投げる。できるだけ遠くへ投げるのが良いとされているという。

病人をホトケにする風習は昭和二十年代までとのことだが、こうした埋葬やあと供養の奇習は、昭和四十年代以降も続いたという。

奇怪な弔いの風習を記したこの論稿の最後の「つけたし」には、調査のきっかけになった山熊田村の寺の住職の話として、以下の不思議な話が書きとめられている。

村で死者が出たことを親類や寺に連絡して回る告げ人という役の村人が、村境までやってくると、死人の魂に遭遇することがあったという。告げ人は、死霊に対して「どうぞお先に行ってください」と頭を下げた。

告げ人が寺に着くと、応対に出た住職に対して、「もう来ましたか」と言い、死人の魂が先に来ているのをさも当然といった顔つきをした。住職もまた当然という顔で黙って頷いたという。

幽霊ユタ

葬式の日の晩、亡くなった人の霊を呼び戻す風習を、仏降ろしという。恐山で有名なイタコという巫女が行うこの風習は東北地方に多い。

「旅と伝説」の秋田県仙北郡神代村《じんだいむら》（現・仙北市）の葬礼報告には、一九三一年（昭和6）に実際に行われた仏降ろしが、ドキュメンタリータッチで記録されている。

「巫女は仏壇に向って跪座《きざ》し、左掌の指に珠数の一端を懸け、合掌の時の様に顔の前に置き、右掌に懸けた珠数の他端を幾回となく揃う様に上げては左掌の中から下方へ擦すり始めた。同時に口の中で、何やら訳の判らぬことを唸なり始めた。然しその序曲も僅かの間で、やがて調らべの澄んだスイッチョ（秋に鳴く虫）が銀鈴のような音で鳴き出す様に、その文句も漸次明瞭になってきた」

その後トランス状態になった巫女は、死者の声をしゃべり出すわけだが、もし誰かが故意か偶然か彼女の付近に刃物を置くと、どうしてもホトケがかりの状態になれない。その状態を「浄土狐が降りない」と言っている。

また刃物だけでなく、他の悪戯をされてもホトケは降りないという。それについて、別のある家で行われた仏降ろしの事例も報告されている。その家では報告者が以前に参加した、霊能力が強いと評判の巫女に頼みたかったのだが、何かの都合で別の巫女が務めることになったという。

しかしその二番目の巫女ではどうしても浄土狐が降りなかった。巫女は誰かがいたずらをしているのに違いないと訝《いぶか》り、よく調べてみると、座布団の下にホトケが降りない呪文が紙に記されてあった。

座が大騒ぎをしたところ、来客のなかに最初に頼もうとした霊感の強い巫女の夫がいることが判明した。一座の者はみな怒ってその夫を追い出したという。このように巫女同士の縄張り争いもあるのだという。

死霊を呼び戻す東北の仏降ろしに対して、生きている人の魂を呼び戻す例が南西諸島に残っていた。それを「幽霊《マジャムン》ユタ」と呼ぶと、「旅と伝説」の喜界島の葬礼報告にある。ユタとは、沖縄県と鹿児島県奄美群島に多い民間霊媒師のことである。

その葬礼報告によると、昔の人々は、死ぬ前に必ず魂が抜け出ると信じていたという。あの人は後ろ影が薄くなった。もう長くはあるまいなどと、周りからささやかれると、すでに魂が抜けかけていると判断するわけだ。

あるいは非常に不吉な夢を見たとか、自分で体の具合が変だと思ったら、ユタに頼み、弱り切った魂を強くする魂寄《マブイヨ》せをする。それらをもって幽霊ユタと呼んでいる。

葬礼の報告者は、その幽霊ユタを行う手順についても記している。まずユタが携帯する袋の中からブドウ酒カップのような木杯を取り出し、神酒をつぎ、手に捧げ持ち、言うに言われぬ哀韻を帯びた歌のようなものを唱え、次第に魂を誘い寄せるという。祈禱中、盛り上げたご飯を置いておく。

祈禱をあげている間に、盛り上げたご飯のところどころに、箸を突き刺したような穴が開いていたら、魂が帰ってきたシルシとする。もし穴がない場合、すでにその人の魂は黄泉《グシュ》の国に捕らわれて、かの国の仲間入りをしてしまったシルシとなる。そのような人は長くて三年、早い場合は数日のうちに死ぬものと信じられていたという。

三昧聖・七軒乞食・瀬戸重さん

山梨県の甲府盆地を徘徊し、放浪の奇人と言われた伝説的な人物がいた。一八七八年（明治11）生まれの男性で、名《な》取瀬《とりせ》戸重《とじゅう》という。地元では瀬戸重さんと呼ばれた。瀬戸重は葬式に異常な熱意を示した。『甲州庶民伝』（ＮＨＫ甲府放送局）によると、「どこかで人が死んだと聞くと、三時間でも四時間でもテクテク歩いて必ず葬儀に参列した」という。いつも葬式に持参するこんぶくろ（小袋）というものをぶら下げ、垢の染みついた筒袖の衣服を着て歩き続けた。

葬儀場に着くや、いつ覚えたかお経を朗々と読み上げた。どこの村に何宗のお寺があり、住職は何という人、何村のだれだれの命日、戒名についてもそらんじていた。土葬の穴掘りや遺体処理も行ったようで、「彼は、人の忌み嫌う葬式というもののすべてを、一生懸命手伝うのだった」という。

その様から、中世、諸国を放浪行脚した遊行聖の姿がまざまざと思い浮かんだ。遊行聖とは、半僧半俗の民間宗教者のことである。国に認められた官僧ではない。剃髪もしていないことが多く、柳田国男は有髪の俗聖という意味で「毛坊主」と言っている。

毛坊主の多くは、無縁の死体の埋葬、火葬を行ったとされる。そのことから三昧聖とも呼ばれた。墓所を意味する三昧で働く俗聖というわけである。

現存する京都の空也堂

三昧聖が自分たちの祖と仰いだ有名な僧に、空也がいる。市の聖と呼ばれ、平安時代、洛中を徘徊し弥陀の称号を唱え浄土教を広めた。空也は、洛中洛外の古原に打ち捨てられた遺体を集め、油を注いで火葬したことが知られている。

空也の衣鉢を継いだと称する後代の三昧聖は、中世、鉢叩きと呼ばれ、空也を象徴するような鹿角の杖を持ち、鉢や瓢簞《ひょうたん》を叩きながら踊念仏を踊った。乞食《こつじき》的な念仏芸能者として姿を現したが、やはり無縁の死体の埋葬・火葬に従事したといわれる。鉢叩きはまた茶具を売ったことから茶筅《ちゃせん》とも呼ばれた。

鉢叩き・茶筅と呼ばれた三昧聖が、空也僧とはっきり名乗るようになったのは江戸時代である。現在の京都市中京区堀川通蛸薬師付近に集住し、空也が開創したとされる空也堂を再建した。京都の地誌『雍集府志』に、空也僧は「厳冬寒夜に至りて毎夜、洛外の墓所・葬場を巡り、各々竹枝を以って瓢《ひょう》を扣《たた》き高声に無常の頌文《しょうもん》を唱う」とある。空也堂は現在も同じ場所に存在し、開祖とする空也から数えて現住職は八十八世という。

甲府の瀬戸重は、明治以降、墓所、葬地、葬儀場を巡った、三昧聖の系譜につながる人ということができると思う。

ぼろをまとい行脚する瀬戸重の姿からもう一つ思い浮かべたのは、京都府南山城村で実際にあった「七軒乞食」という弔いの習俗だ。この奇妙な名称の風習は、昭和の初めごろまで続いた、葬式翌日に行うあと供養の風習である。『南山城村史』によると次のようなものであった。

家長が死んだとき、跡取りの嫁またはその姉妹がカツギという白い被り物を頭からすっぽりとかぶり、顔を隠した姿で近所七軒を巡り、玄関口で「乞食させてもらいます。恵んでもらえませんか」と言った。その家の者は一握りの玄米を紙に包んで、カツギの袖に入れてやったという。

この奇妙な風習にはどんな意味があるのだろう。乞食は、「こつじき」と読むと、諸国を遍歴して食物を乞いながら、死者供養を行った三昧聖の暮らしぶりを連想させる。仏教では乞食行は修行形態の大きな柱の一つだったとされる。そう考えると、七軒乞食の風習も、ただの物乞いではなく、故人の菩提を弔うために遺族が行った乞食行と理解できる。

瀬戸重に話を戻すと、彼も寺院や民家の軒下を借りて寝泊まりしながら各地を放浪した。成年に達してからも他の仕事につかず周りからバカ扱いされた。物欲というものがなく、およそ葬式以外の世俗のことには無関心だった。彼と親しかった住職は、「瀬戸重は仏教の精神を体現していた人でした」と証言している。

「あれ、瀬戸重さんが行くよう」

「そうだねえ、きっとまた、どっかでお葬式が出たんだねえ……」

と彼の姿を見かけると村人は言いあった(『甲州庶民伝』)。そうした実際の光景を覚えている老人が、今でもまだ甲府に何人も存在するという。

一九四八年（昭和23）、瀬戸重は甲府のある村で、行き倒れになっているのを発見された。リヤカーで運ばれる途中おびただしい吐血をし、家に着くとほどなく息を引き取った。七十歳だった。戦後まで生きた現代の三昧聖は、その死を全うしたのである。

おわりに

二十年前、私は肝臓がん末期であった年上の友人Oさんを看取り、親しい友人だけのお葬式で送ったことがあった。

Oさんの希望は、家で死にたい、坊さんは呼ばない、自宅の賃貸マンション近くの火葬場に直行して火葬してもらえればいい。この三つだった。

Oさんが亡くなったのは介護保険ができたばかりのころだった。自宅で看取りをすることなど、世間にまだあまり理解されていなかった。実際、彼が末期がんの診断を受けた病院からは往診を拒絶され、私は看取りの往診医を探さねばならなかった。

それ以上に困ったのが、お葬式をどうするかである。お葬式は、葬儀社と僧に任せておけばことは簡単なのだが、Oさんとの約束では、親族が喪主を務め、坊さんが導師を務めるという一般的なお葬式にはなりそうもなかった。型通りの式に頼れないからこそ、土葬・野辺送りという日本の伝統的なお葬式の背後にあるものを調べる必要に迫られた。

友人が葬儀を主宰して故人を弔ってもよいものだろうか。本文中にも触れたが、長い弔いの歴史を調べていくうちに、死のケガレを伝染病と同様に恐れた中世、血のつながった家族だけが弔ってよいとする規範が生まれたことがわかってきた。

であるなら、死のケガレさえ恐れなければ、かけがえのない友人同士で弔ってもよいのではないかと考えた。Oさんのお葬式中、はっきりと確信したわけではないが、調べていくうちに家族だけが主宰すべきという弔いの規範から、少しずつ解放されていった。

現在盛んになりつつある家族葬も、私の知る限りここ二十年ほどの間に定着してきた新しい弔い方である。近い将来、友人同士で弔う友人葬が、弔いのスタンダードの一つにならないとも限らない。

また過去の弔いの歴史をひもとき、私自身の土葬・野辺送り調査をくらべることで、どのような土葬の風習がなくなり、どんな風習が現在まで残り、今後の葬儀に継承されていくか、見通せるようになってきた。

いまわの際の病人の魂を呼び戻す魂呼ばいの作法、同年配の友の死を聞かせまいとする耳ふたぎや、葬儀場でつきものだった泣き女の風習などは、現在の葬儀で見かけることはない。亡くなった人の死枕を蹴り飛ばしたり、野焼き火葬後、遺体の脳味噌の黒焼きを食べたり、遺骨をかじるといった奇怪な風習が継承されることはおそらくないが、葬送習俗のフォークロアとして人々の記憶に長く残るだろう。

伝統的な湯かんの作法は、葬儀社の湯かんサービスや看護師によるエンゼルケア、遺体からの二次感染を防止するエンバーミング技術に引き継がれた。しかし湯かんを身内が行わなくなることで、その分、遺族や共同体の人々が死体に接する得難い機会が失われることにもなった。

今なお日常で、湯かんのときするように、水に湯を注ぐことは縁起でもない不吉なこととされる。こうした死のケガレを忌むサカサゴトの風習は、現代人にまだ残っている。死の枕辺に魔よけの刀を置く風習も途絶えていない。

墓場の幽霊話、地獄の審判や臨死からの蘇生譚、死んだ人が生まれかわる伝承や輪廻転生の死生観も、まだその力を失ったように思えない。これらは生者にとっての癒やしの物語として、または人の死を考える糸口として、今後も若い人に受け継がれていくだろうと思われる。

この本で日本の仏教、神道がともに、死者に接し日本人の霊魂観や民俗信仰を掬《すく》い上げ、日本人の精神生活を豊かにしてきたことも見えてきた。

火葬率ほぼ百パーセントの日本で、弔いの選択肢の一つとして、市民グループによる「土葬の会」ができたことは、今後の土葬の新しい潮流になるかもしれない。

こうして土葬の村が完全になくなってしまう前に立ち会うことができた。それはしびれるような快感だった。

三十年にわたる土葬の聞き取り調査には、数えきれない人のお世話になった。滋賀県で行った最初の調査のきっかけになった東近江市石塔町の高畑富雄さん、一貫して応援してくださった伊吹山のふもとの天台寺院、吉田慈敬住職、奈良市の土葬の村、真言寺院の一休さんこと村岸定光住職など……、特にお名前を挙げて感謝したい。

出版に際しては、講談社現代新書編集部、西川浩史さんにたいへんお世話になった。平易な言葉でわかりやすく書けたとすれば、この人のおかげである。

講談社現代新書　2606

土葬《どそう》の村《むら》

二〇二一年二月二〇日第一刷発行　二〇二四年三月一二日第九刷発行

著　者　高《たか》橋《はし》繁《しげ》行《ゆき》　©Shigeyuki Takahashi 2021

発行者　森田浩章

発行所　株式会社講談社

東京都文京区音羽二丁目一二―二一　郵便番号一一二―八〇〇一

電　話　〇三―五三九五―三五二一　編集（現代新書）

〇三―五三九五―四四一五　販売

〇三―五三九五―三六一五　業務

装幀者　中島英樹

印刷所　株式会社ＫＰＳプロダクツ

製本所　株式会社ＫＰＳプロダクツ

本文データ制作　講談社デジタル製作

定価はカバーに表示してあります　Printed in Japan

N.D.C.382　312p　18cm

ISBN978-4-06-522544-8

「講談社現代新書」の刊行にあたって

教養は万人が身をもって養い創造すべきものであって、一部の専門家の占有物として、ただ一方的に人々の手もとに配布され伝達されうるものではありません。

しかし、不幸にしてわが国の現状では、教養の重要な養いとなるべき書物は、ほとんど講壇からの天下りや単なる解説に終始し、知識技術を真剣に希求する青少年・学生・一般民衆の根本的な疑問や興味は、けっして十分に答えられ、解きほぐされ、手引きされることがありません。万人の内奥から発した真正の教養への芽ばえが、こうして放置され、むなしく滅びさる運命にゆだねられているのです。

このことは、中・高校だけで教育をおわる人々の成長をはばんでいるだけでなく、大学に進んだり、インテリと目されたりする人々の精神力の健康さえもむしばみ、わが国の文化の実質をまことに脆弱なものにしています。単なる博識以上の根強い思索力・判断力、および確かな技術にささえられた教養を必要とする日本の将来にとって、これは真剣に憂慮されなければならない事態であるといわなければなりません。

わたしたちの「講談社現代新書」は、この事態の克服を意図して計画されたものです。これによってわたしたちは、講壇からの天下りでもなく、単なる解説書でもない、もっぱら万人の魂に生ずる初発的かつ根本的な問題をとらえ、掘り起こし、手引きし、しかも最新の知識への展望を万人に確立させる書物を、新しく世の中に送り出したいと念願しています。

わたしたちは、創業以来民衆を対象とする啓蒙の仕事に専心してきた講談社にとって、これこそもっともふさわしい課題であり、伝統ある出版社としての義務でもあると考えているのです。

一九六四年四月　野間省一

宗教

Ⓒ

日本史I

日本史Ⅱ

2319 昭和陸軍全史3——川田稔
2328 タモリと戦後ニッポン　近藤正高
2330 弥生時代の歴史——藤尾慎一郎
2343 天下統一——黒嶋敏
2351 戦国の陣形——乃至政彦
2376 昭和の戦争——井上寿一
2380 刀の日本史——加来耕三
2382 田中角栄——服部龍二
2394 井伊直虎——夏目琢史
2398 日米開戦と情報戦——森山優
2401 愛と狂瀾のメリークリスマス　堀井憲一郎
2402 ジャニーズと日本——矢野利裕

2405 織田信長の城——加藤理文
2414 海の向こうから見た倭国　高田貫太
2417 ビートたけしと北野武　近藤正高
2428 戦争の日本古代史——倉本一宏
2438 飛行機の戦争 1914-1945——一ノ瀬俊也
2449 天皇家のお葬式——大角修
2451 不死身の特攻兵——鴻上尚史
2453 戦争調査会——井上寿一
2454 縄文の思想——瀬川拓郎
2460 自民党秘史——岡崎守恭
2462 王政復古——久住真也

日本語・日本文化

105 タテ社会の人間関係　中根千枝
293 日本人の意識構造——会田雄次
444 出雲神話——松前健
1193 漢字の字源——阿辻哲次
1200 外国語としての日本語——佐々木瑞枝
1239 武士道とエロス——氏家幹人
1262 「世間」とは何か——阿部謹也
1432 江戸の性風俗——氏家幹人
1448 日本人のしつけは衰退したか——広田照幸
1738 大人のための文章教室　清水義範
1943 なぜ日本人は学ばなくなったのか——齋藤孝
1960 女装と日本人——三橋順子
2006 「空気」と「世間」——鴻上尚史
2013 日本語という外国語　荒川洋平
2067 日本料理の贅沢——神田裕行
2092 新書　沖縄読本——下川裕治 仲村清司　著・編
2127 ラーメンと愛国——速水健朗
2173 日本人のための日本語文法入門——原沢伊都夫
2200 漢字雑談——高島俊男
2233 ユーミンの罪——酒井順子
2304 アイヌ学入門——瀬川拓郎
2309 クール・ジャパン!?　鴻上尚史
2391 げんきな日本論——橋爪大三郎 大澤真幸
2419 京都のおねだん——大野裕之
2440 山本七平の思想——東谷暁

心理・精神医学

331 異常の構造――木村敏
590 家族関係を考える――河合隼雄
725 リーダーシップの心理学――国分康孝
824 森田療法――岩井寛
1011 自己変革の心理学――伊藤順康
1020 アイデンティティの心理学 鑪幹八郎
1044 〈自己発見〉の心理学 国分康孝
1241 心のメッセージを聴く 池見陽
1289 軽症うつ病――笠原嘉
1348 自殺の心理学――高橋祥友
1372 〈むなしさ〉の心理学 諸富祥彦
1376 子どものトラウマ――西澤哲
1465 トランスパーソナル心理学入門――諸富祥彦
1787 人生に意味はあるか 諸富祥彦
1827 他人を見下す若者たち 速水敏彦
1922 発達障害の子どもたち――杉山登志郎
1962 親子という病――香山リカ
1984 いじめの構造――内藤朝雄
2008 関係する女 所有する男――斎藤環
2030 がんを生きる――佐々木常雄
2044 母親はなぜ生きづらいか――香山リカ
2062 人間関係のレッスン 向後善之
2076 子ども虐待――西澤哲
2085 言葉と脳と心――山鳥重
2105 はじめての認知療法――大野裕
2116 発達障害のいま――杉山登志郎
2119 動きが心をつくる――春木豊
2143 アサーション入門――平木典子
2180 パーソナリティ障害とは何か――牛島定信
2231 精神医療ダークサイド 佐藤光展
2344 ヒトの本性――川合伸幸
2347 信頼学の教室――中谷内一也
2349 「脳疲労」社会――徳永雄一郎
2385 はじめての森田療法 北西憲二
2415 新版 うつ病をなおす 野村総一郎
2444 怒りを鎮める うまく謝る 川合伸幸

L

趣味・芸術・スポーツ